なにくそ！ライヴさん

僕のオヤジの負けない物語

はじめに

この物語は、僕の父ライゾウの波瀾万丈な人生と、それに付き合う家族のストーリーである。戦後すぐの広島の片田舎に生まれたひとりの男が、昭和の高度成長期から、平成のバブル、令和の苦難を無我夢中で駆け抜けた、挫折と幸運、努力と問題行動の記録である。父の人生は果たして「成功」と言えるのか、はたまた「失敗」だらけなのか？　その答えは誰にも分からないし、正直有名人でもない父の話を読んで、得をする人がいるのかもよく分からない。

だが、それでこの本を閉じるのは、ちょっともったいない。

「史記」を書いた大歴史家・司馬遷は、皇帝や将軍といった英雄の人生だけでなく、地域の親分や庶民など、その時代の市井の人々の生活や生き様を丁寧に記録したらしい（原文読んでないからしらんけど）。名も無き人々の日々の営みの積み重ねこそが歴史であり、そこに人の本質や叡智があると司馬遷は考えたのだ（と思う。話してないからしらんけど）。

父は時に「町の名物社長」だったり、「難病患者」だったり、「バツイチ子持ちの無職」だったり、「田舎の不良少年」だったりした。比較的いろいろあった人生かも知れないが、まあ多くの人が、生きていれば、それなりにいろいろあるわけで。取り立てて珍しい人生でもないのかもしれない。

でも、だからこそ。それだからこそこの本には、多くの人が共感できたり、身近な誰かに重ねたりできる物語がある。そうも言えるだろう。

この本の正しい読み方があるのかどうか分からないが、基本的には最初から最後に向かって読み進めるのがオーソドックスだ。でも時間がないとか、いろいろ事情のある方は、以下のような読み方もアリである。

・昭和のノスタルジィとヤンキー漫画が好き！➡本人の章その１「ガキ大将から非行少年へ」から

・起業やベンチャーに興味がある！➡本人の章その３「独立開業物語」から

・ホームコメディや家族の話が好き！➡家族の章その２「２０２３年６月」から

とにかく、今ここで本を閉じることだけは、おススメできない。いやマジで。

息子　マサアキ

これは事実を基にしたフィクションである。
実在の人物・団体・店名などとの類似は、単なる偶然に過ぎない。

なにくそ！ライゾウさん

登場人物紹介

会社
菊田君（弟子）
元気な努力家の中堅職人。とにかく声がデカい。ライゾウの右腕となる。
イサム（弟子）
高卒からおか半で働く若手職人。
二階堂さん
自称ボステス。
池山君（弟子）
真面目で静かな中堅職人。雰囲気がシブい。弱点は腰痛。
ヨシヒコ（経理担当）
語尾が変なタミコの甥っ子。
ベテランパートトリオ
忠臣
佐野さん
落ち着いたデザート担当。
須原さん
律儀な事務員。
地域
宗田会長
ちょうさん
商工会の会長。小中一学年上の先輩。
坊主山商店街の仲間
「こんだ花壇」「総菜のきたむら屋」「おもちゃランドもんたに」「誠堂薬局」「熊野団地書店」「五反田インテリア」など。
織田先生
昭和の流川の伝説的カリスマ料理人。
山川県議
兄貴分的存在でおか半の常連客。マサアキの名付け親でもある。

プロローグ

「おう。今ちょっとええか?」

同じ町内に住んでいるが、普段あまり連絡を取らない兄のジュンが電話してきたのは、令和5年2月の休日のことだった。いつも通りの広島弁丸出しのイントネーションである。

ここ広島県は、古くは西の安芸と東の備後という国に分かれていて、方言も文化も微妙に違う。僕らが住む熊野町は安芸地方なので、いわゆるベタベタの広島弁だ。広島弁というと、全国的にはちょっと物騒なイメージもあるかもだが、最近の若い子は、「ほいじゃけんのう(だからね)」「カバチたれなや!(屁理屈を言うなよ)」なんて濃厚な言葉は使わず、もう少しソフトだ。Perfumeや綾瀬はるかのおかげで、印象はだいぶ柔らかくなってきた感があるが、兄や僕ら中年世代以上は、わりと濃いめの広島弁スピーカーが多かった。

「ああ、ええけど。どしたん?」

別に仲が悪いわけではない。だが男きょうだいというのは、どうにも話題が続きにくく、そっけない事務連絡になることが多かった。だからこの日も僕は、最短距離で用件を聞いた。まあ元々、兄は僕と違ってベラベラと世間話を喋るタイプではないが。

「……」

ほんの一瞬だが、会話に間ができた。僕は返事をしたのに話がはじまらない。あれ？電波でも途切れたかな？と思った次の瞬間、

「オウ、エエカ？オウ、オウ」

明らかに兄ではない声がした。

「キーちゃん静かにせんと～。ハッハハ。う～ん、かわええの～う」

さっきまでの落ち着いたトーンに変わり、孫でもかわいがるような声になった。そういえば最近兄はインコを飼うのにハマっているのだ。

「おう、すまんすまん。ハッハ。おバカなインコで、変な言葉ばっかり覚えるんじゃ。まあ、そこがかわいいけどの～う。ああ、ちなみにさっきの声はキーちゃんの方で、黄色いやつでな。青色のピーちゃんはたまに変な歌も唄うんで。知っとるか？インコは人間を恋人と思って言葉を真似るらしんじゃが…」

（めっちゃ喋るやん…）

兄が好きなことになるとスイッチが入ったように多弁になることを僕は思い出した。それにしてもギャップがすごい。ひとしきりインコに関するトリビアを聞き終え、僕は話を元に戻した。おそらく用件はインコの話ではなかっただろうから。

「ところで何？ なんか用があったんじゃろ？」

「そうだったわ。…なあマサアキ、ライゾウさんが入院しとるのは知っとるじゃろ？」

兄はまた一転していつもの落ち着いたモードに変わり、神妙な雰囲気で父のことをそう名前で呼んだ。昔から飲食店を自営している我が家では、職場と家庭の関係が近く、入り混じっており、親の呼び名が様々だった。父は時に「大将」だったり、「社長」だったり、たまに「父さん」だったりした。今ではなんだかどれもしっくりこなくて「ライゾウさん」と名前で呼ぶことも多い。母は母で、小さい頃は「母さん」とか「ママ」と呼んでいたが、お店の人の前では「女将」とか「ママさん」「タミコさん」と呼んだりもする。

「うん。いつもの入院じゃろ。ちょっと長引いてるみたいだけど…」

数年前に父は重症筋無力症という、筋肉の力が低下する難病にかかり、年に数回病状が悪くなると入院していた。父が難病になったと聞かされた時は、家族も従業員もショックを受け、最初の頃の入院時は、みなで無事退院できるかと心配したが、病院で治療を終えると毎回調子良く帰宅し、「いや〜、入院は保険金も出るし、上げ膳据え膳じゃし、悠々自適な生活じゃったわ！　完全復活よ！　ガハハ」と、まったく同情できない空気をまき散らすため、そのうちたまにある行事のように慣れっこになってきていた。だから今回も父が1月半ばから数週間の予定で入院していることは知ってはいたが、さほど気に留めていなかった。

むしろ僕ら家族の間では、2月15日の父の77回目の誕生日に合わせ、退院後に喜寿祝いの会食を計画していたところで、もっぱらその準備の方が関心事だった。

こんなふうに言うと、父親思いのステキでほほえましい家族…などと思われそうだが、実はこの喜寿祝いの集まりも、1年以上前から父が自分から、

「わしの喜寿祝いは、いつやるんかの？」

「わしも予定があるけえ、スケジュールは早めに教えてくれんと」

などと、ゴリゴリに僕ら子どもにアピールどころか、強く〝要求〟してきていたことから、半ば計画するほかないイベントとなっていた。

まあ別に会を催すことは嫌ではないし、お祝いしてあげたい気持ちはあったが、本人の思い通りになる展開に、少し釈然としないものを感じないでもなかった。だからこの電話も、その喜寿祝いの会に関する連絡かと思ったのだが、兄の語る雰囲気は少し違う様子がした。

「実はさっき病院から連絡があってな…」

かすかに兄の声のトーンが下がって、少しだけ言い淀んだ気がした。そのわずかな変化に、僕は何か嫌なものを感じて本能的に身構えた。

「ちょっと状態が良うないみたいなんじゃ。どうもひどい肺炎になったらしくての…。気管挿管？ていうんかの。口から管入れて、一般病棟じゃなくて、別の部屋に移されとるんじゃと」

「えっ⁉ほんまかいな！」

僕は興奮すると、昔からエセ関西弁になってしまうクセがある。この時も兄の話した衝撃的な内容に動揺して気持ちが昂り、思わずそう聞き返した。

「お前まだそのクセ抜けんのか…。まあ今すぐ危ないわけじゃないみたいけど、この状態で薬の調整をもうしばらく続けるって。ただ、それで改善せんようだと…」

兄は深刻な雰囲気でそこまで言いかけて、一瞬言葉に詰まった。僕もその後が気になり、ゴクッと息を飲んだ。次の瞬間、

「オマエ!オマエ!」

「こりゃ、ピーちゃん!しーでしょう!まったく…。でもかわええの〜う」

シリアスな空気は、おしゃべりな鳥に一気にぶち壊されたのだった。

さすがの兄もまずいと思ったようで、鳥カゴのある部屋から離れた様子が聞こえてきた。

「あー、すまんすまん。…まあアレよ。万が一の時には連絡が入るけえ。いつでもつながるようにだけしとってくれや」

「うん…」

「今コロナで面会もタミコさんがちょっとしかできんし。わしらにできることは特

にないんじゃが…。とにかくお前も冷静にの」

「…分かった。姉さんには？」

「もう言った。あいつも心配しとったが、まあ待つしかないの。…じゃけえ喜寿祝いの会は、ちょっとまた改めてじゃな。まあ、よろしく頼むわ」

兄は用件を伝え終わると、いつものように早々と電話を切った。

その時は僕も気づかなかったが、後々考えればいつもぶっきらぼうな兄が「お前も冷静に」「よろしく頼む」なんて言葉を口にするのは、珍しいことだった。おそらく兄も内心、この事態に動揺していたのだろう。

僕は携帯の通話終了ボタンを押した後も、しばらく動けないでいた。

肺炎か…。気管挿管ということは、自分では呼吸が難しいということか。コロナにでもなったのか？それとも難病の影響だろうか？糖尿病や心臓の病気もある人だしな…。

「どしたの？電話誰から？」

僕の様子がおかしいことを感じた妻が声をかけてくる。

「うん…なんでもない。大丈夫」

僕は生返事をして、携帯だけを持って寝室に向かった。

薄暗い寝室のベッドに腰かけ、僕は考えをまとめようとした。「落ち着つけ！」と思う反面、さほど慌てていない気もする。だがそれは、集中して考えられないほど混乱しているのだと気がついた。次々といろんなことが頭に浮かんでは、グルグルと回ってまとまらない。

（喜寿の会はとりあえず中止か…。確か姉さんがケーキを用意したって言ってたけど…。いやそれどころじゃないわ。母さんは大丈夫か？　落ち込んでるんじゃ？　いやまず先に姉さんに連絡すべきか…）

思考がとっ散らかってどうにもなくなってくると、ふと収納棚の下に置いてある紙袋が視界に入った。紙袋の中には、ド派手な真紫の服が丁寧に畳んで入っているのが見える。それは僕が先日、通販サイトで見つけた、２ＸＬサイズの「喜寿祝い記念パーカー」だった。

ここからは見えないが、背中には「７７」「ＫＩＪＵ《キジュ》」とデカデカとデザインされている、ちょっと好みの分かれそうな代物だ。さすがの父も外では着ないかもしれないが、部屋着くらいにはなるかな…と、半分ウケ狙いで購入したものだった。

父の命が危ないかもしれない。このままもう、2度と父に会えないかもしれないー。紫のパーカーをまじまじと見つめていると、不意にそんな考えがよぎって、急に怖く、心細くなった。

(このパーカーどうすんのよ…。こんなサイズ、僕にはデカいし…。もし、万が一のことがあったら…コレは棺に納める?いや、そんな縁起でもない!)

僕は慌てて考えを打ち消した。

ドラマなどではよく「あれが最後になるなんて…」なんてシーンがある。後悔する登場人物のことを「人間ってアホだよなあ」と、どこか他人事のように見ていたが、なんてことはない。僕も初めて親を亡くすかもしれないという現実が自分の身に起きそうになると、この狼狽ぶりだ。

(父さん、頑張れよ!アンタまだやりたいことあるんじゃろう?電気シェーバー代もまだ返してもらってないで!)

僕は腹立ちと困惑と恐怖が入り混じったような、なんとも言い難い複雑な気持ちになりながら、先日の父との出来事を思い出していた。と同時に、神様仏様からイエスキリストまで、普段は滅多に祈らない、世界中のありがたいものに、父の回復を祈ったのだった。

昨年の秋頃から父は重症筋無力症の症状が悪化してきたため、主治医と相談して何回目かの入院の日程を決めた。

父はいつものようにパソコンや読みたい本などを持ち込んで個室に入り、本人がよく言う〝悠々自適な入院生活〟ってやつを満喫していた。入院から数日後、そんな父から僕に電話があった。

「おう、マサアキ。電気シェーバーを買ってきてくれんかあ。入院用に新しいのが欲しいから、ちょっとエエやつを。母さんに言っても、あれは分からんけえ、安物を買ってくるけえのう」

忙しいのに面倒だとも思ったが、年々少しずつ病状が悪化している父の依頼を無下に断ることもできず、

「…分かったよ。明後日なら仕事が早いんで持っていけると思う。代金は貸しじゃね」

と無愛想に答えたのだった。

二日後。僕は仕事帰りに家電量販店に寄って、父がよく使う電気シェーバーを購入した。父に勧められて、僕も愛用しているシリーズだ。新型コロナの影響で入院中の父とは面会できないため、僕は病院の受付に電気シェーバーを届けた。すると1時間もしないうちに父から、

「おう、さっき届いたで。今初剃りしたが、よく剃れるわ」

と調子のいい電話が入った。

僕は正直嬉しさもあったが、なんとなく父に合わせたくなくて、あえて不愛想に、

「はいはい。1万5千円したんで。退院したらきっちり払ってよ」

とだけ返したのだった。

その時は、まさかこの電話が父の肉声を聞く最後になるなんて、思ってもいなかった。

ガキ大将から非行少年へ

本人の章
その1

新店舗を前にして…

平成４年９月某日。

「ついにここまできたか…」

時はバブル崩壊直前。全国的には秋篠宮殿下が紀子様と結婚されて話題となった年である。だが、広島県民にとってはそれよりも、5月に市民球場でのカープ対巨人戦で、場内バックネットに『クモ男』が登場した事件の方が印象に残っているかもしれない。

そんな独特の文化を持つ県の熊野町に住む私、岡崎ライゾウは、新調した板前用の白衣に身を包み、感慨深く真新しい我が店の正面を眺めていた。

熊野町は昔から筆作りの産地として有名だったが、最近は広島市内から車で30分ほどの立地ということもあり、いわゆる郊外のベッドタウンとしても開発が進み、私の店が立つこの「熊野団地」というエリアも、昭和40年代に山を削って大きな県営団地や住宅街が整備された、比較的町内でも新しい地域なのだった。

私のすぐ目の前には、この店のシンボルにもなる、赤い和傘の形をしたモニュメントが立っていた。高さ３〜４ｍほどあり、雨宿りができるエリアを店舗前の駐車場に作っている。

店の入口に向かって左手には、食品サンプルがきれいに並べられたショーケース。寿司、天ぷら、刺身など、うちの人気メニューがひと目で分かるようになっている。落ち着いた和風作りの外観はガラス張りで、店内の気配が適度に窺える。そして中に入れば、ピカピカのカウンターや座敷が40席ほどあり、食器や食材等も準備され、開店の時を今か今かと待っていた。

最初に店をはじめた時が19席からだったので、倍以上の規模の店だ。田舎の小さな飲食店だが、私にとっては胸躍る新たな我が城である。

「大将〜。何しとるんよ。早く仕込みせんと〜」

妻のタミコが入口から顔を出して呼んでいる。いつも明るく元気なタミコは、私の中では勝手に「広島の夏目雅子」と、当時の人気女優ソックリと認定していた。トレードマークのショートボブに大きな瞳と天真爛漫な笑顔は、誰からも慕われる存在であり、店の美人女将として、子どもらの母として、そして私の最高の伴侶として、誰にも代えがたい最も大切なパートナーであった。

「おう分かった。今店見て浸っとってのう。そうじゃ！お前もちょっと来て…」

「そんな場合じゃないでしょ！早くせんと！」

「お、おう…」

タミコは穏やかな時は三蔵法師のように優しいが、怒りに触れると「鬼龍院花子の生涯」を彷彿とさせる迫力で、まさに夏目雅子のイメージそのままであった。思えば頻繁に怒られるし、半年に一度位は大きな喧嘩もするし、何度かプチ家出されたこともあったが…。いかん。こんなめでたい日に、嫌なことを思い出してしまった。まあ、そのほとんどは私の方に問題があり、その都度謝って、ダメなら子どもたちや友人に間に入ってもらって…今日までやってこれたのだ。さて、そろそろ板場に戻って準備に取りかからねば。これ以上怒らせたらマズイことは、さすがの私も分かっていた。

私は板場に戻って魚を下ろしながらも、これまでの道のりを思い出していた。いよいよ明日から、この新店舗で私が経営する和食店「おか半」が第二の創業ともいえる開店の日を迎える。昭和四十七年に独立創業して十九年。早かったようでもあり、長かったようにも感じるが、ここに来るまでの道のりは本当に、山あり谷ありであった。そもそもこの新店舗ができることになったのも、ただ自分のヤル気や戦略といったものだけで達成できたのではない。

創業後商売は順調で、10年も経つと店は手狭になってきた。しかし商売以外に様々な問題を抱えていた私は、大きな挑戦をする勇気も出せず、グズグズとくすぶっていた。そんな時突如大家からきた、店舗付帯の駐車場を返却するようにとの通知。私にとっては、まさに寝耳に水のことで、正直腹が立ち、困り果ててしまった。

（駐車場が無くなる…。どうすりゃあええんじゃ…）

その時、偶然パートで来てくれていた隣家の佐藤さんから「実は自宅を建て直そうと思ってて。もし大将が借りてくれるなら、一階を貸店舗にしてもいいと思うんだけど…」との話があり、これぞ天の声だ！と感じた私は、ようやく大きな設備投資をする決心がつき、「ぜひやらせてもらいたい！」と即答していた。

そんなわけで、この新店舗ができたのだった。

考えてみると私のここまでの人生は、今回の大家からの急な通知に限らず、様々な困難や紆余曲折があった。非行に走って高校中退。そして無職フラフラ生活。離婚と子連れ駆け落ち再婚。連帯保証債務など…。よくぞここまできたものだと、我ながら感心するほどだ。

私が曲がりなりにもここまでやってこられたのは、そうした『負の後押し』ともいえるたくさんの逆境が、私の背中を押してくれたように思う。人は安定した環境では変化を恐れがちだが、ピンチとなれば多少危険があっても前に踏み出さざるを得ない。特に私の場合、そうした苦しい状況に置かれると、自ら〝なにくそエネルギー〟〝なにくそ根性〟と命名している反発力がどこからか湧き出てきて「やったるで！」「負けんで！」と、普段以上の力が出るのだった。

なぜ私がそんな人間になったのか――。

それは私自身の生まれ持った気質もあるのかもしれないが、幼少期からの環境と、家族や周囲の人々との関わり、失敗や成功など、様々な経験が私の心の成長に影響したように思えてならない。

末っ子ライゾウ

昭和21年2月。私は終戦から半年後、いわゆる〝戦後っ子〟として生まれた。母親が当時としても珍しい45歳という高齢で出産し、すぐ上の姉より10歳以上離れていることもあって、ひとりっ子のような猫かわいがりだった。私の家族は父・キンゴと母・ミトメ、20歳以上離れた父違いのマサフミ兄い、中学生のミキカツ兄いと、小学生のエミコ姉の6人。

父は元々バスの運転手で、その頃はまだ車の運転ができる人も少なく、わりとハイカラな職業だったらしいが、終戦後「街が焼け野原になったから、これからは大工が儲かるで！」と、あっさり大工に転職した人だった。酒と小説が好きでよく本を読んでおり、私たち兄弟の名前も、小難しい名前を小説から取って付けたらしかった。体格は小柄で、子どもを可愛がる優しいところもあったが、負けん気が強く、怒るとすぐ手が出る人だった。

母のミトメは実家が仕出しや旅宿などの商売をしており、長女だったこともあってしっかり者で、家事よりも仕事や家計のことに熱心だった。若い頃から筆作りをしており、その腕の良さから弟子入りする人もいた。世話好きで、親戚の縁談をまとめたり、大柄な体格も相まって、一族の女当主のような存在感があった。母は最初の夫と結婚しマサフミ兄いをもうけたが、その夫を肺結核で早くに亡くし、父と再婚。仲がいい時もあったが、よく喧嘩をした。昔流行った「寺内貫太郎一家」では、父親だけが暴れるが、我が家では母も負けておらず、よく取っ組み合いの喧嘩をしていた。

例えば私が小学生のある日などは、父が昼から酒を飲むことから夫婦喧嘩がはじまり、怒った父が出ていこうとすると、母が追いかけ、家の外でワーワーやるため、兄や姉らが「ちょっと落ち着いて。近所迷惑じゃけ」と間に入るが、ヒートアップしてなかなか収まらなかった。

そのうち酔ってブチ切れた父が「これ以上文句言うたら許さんで！」と、その辺にあったカマを手に持ったが、母も負けじと「許さんかったらどうじゃいうんね！」と、庭にあったクワを持ち出し、一見して農民一揆の内輪もめのようになるのだった。ただお互い凶器を使う気はなく、次第に喧嘩はしりすぼみ状態となるのだが、最後に父がヤケクソ気味に放ったカマが、コントロールを失って私の頬をかすめていき、おしっこをちびるほど肝を冷やした。

成人していたマサフミ兄いは面度見がよく、ギャンブラー気質でちょいワルなところもあり、幼い私にとって憧れの的というか、もっとも身近なモデルとなる大人だった。良いことも悪いことも、マサフミ兄いから学んだことは多かった。マサフミ兄いは母譲りの商才もあり、若くして筆製造の会社を興して手広く商売していたが、放漫経営で倒産させてしまい、その後は広島で造園業をしていた親戚を頼ってノウハウを学び、後に造園会社をはじめて安芸郡でナンバー1となった。ケチで、カッコつけで、人使いが荒いところもあったが、一族にも仕事を紹介するなど、ゴッドファーザー的存在となっていった。

ミキカツ兄いは広島市内の中学校に行っていたため、昭和20年8月6日に被爆した。背中に大ケガをしたミキカツ兄いを探しに、当時妊娠中の母は市内に入り、廃墟となった広島の街の中を探し回って見事に我が子を見つけ、自宅に連れ帰ってつきっ切りで看病した。そのため母は入市被爆、私は胎内被爆という被爆者である。

ミキカツ兄いの背中の傷からは何度もウジが湧いて出て、その度に母は丁寧に箸でウジを一匹一匹取ったという。なけなしのお金で医者に診てもらい、母や家族が必死で看病したかいもあってミキカツ兄いは無事回復し、その後は大阪の服飾学校へ進んだ。広島に戻って当初は仕立て屋をしていたが、最終的にはマサフミ兄いから習って造園業を自営し、母の筆作りの手伝いに来ていた女性と結婚して所帯を持った。大人しく無口だが優しいところもあり、私が商売をはじめると保証人になってくれるなど、いざという時は助けてくれる兄だった。

エミコ姉は一番年の近いきょうだいということもあり、私のことを大変可愛がってくれた。頻繁に私の子守を任されるため、小学校に私を連れて行くこともあったらしい。こう書くとドラマ「おしん」のような、不憫な少女を想像するかもしれないが、エミコ姉の場合は要領がよく、私を連れて行くと「皆見て〜。かわいいじゃろ?」「わ〜。可愛いねえ。おいで！おねえちゃんが遊んであげる！」という感じで、上手に私の世話を級友に任せ、自分は遊んでいたらしい。

肝っ玉が太い姉で、父母がつかみ合いの喧嘩をした時などは、母に助太刀して父に殴りかかることもあった。成人してからは広島市内の酒屋に嫁ぎ、早くに夫を亡くしてからは女手一つで商売をし、娘三人と孫・ひ孫の面倒まで見ていた。

そんな個性的で騒々しい家族の末っ子として生まれた私は、誰からも甘やかされて育ち、田舎のお坊ちゃんとして順調に成長していった。

小学校にあがると、母は可愛い我が子を末は博士か大臣にしようという勢いで、昔の田舎では珍しい「教育ママ」となった。今思えば、当時は戦後復興の真っ最中。世の中の価値観は大きく変化し、「我が子にはより良い教育を」という風潮が出はじめた頃である。そんな思いが母の中で、私に対する期待となったのかもしれない。私に英才教育をしようとした母はいつも「ほかの子と遊ぶより、本を読みんさい！」と言っていた。おかげで私は、当時の子どもたちが覚える遊びである、将棋やメンコ、魚釣りなどは、全くできない子どもであった。将棋は今でもほとんどルールが分からない。

私の記憶では、小学4年生頃までは成績優等生というものがあって、年度末には優等賞という賞状がもらえる制度があり、制度がなくなるまで毎年賞状をもらっていた。また、学校を休むことも母は絶対に許してくれず、私が発熱してフラフラになり歩けない時も、母は私を背負って教室まで行き、「今日は早退させます」と先生に伝えて連れ帰るという徹底ぶりで、なぜそこまで登校にこだわったのかは今でも謎である。そんなわけで6年生の卒業まで、私は毎年皆勤賞だった。

小学校生活で一番記憶しているのは、学期末最終登校日のことである。私にとってそれは、「最後の審判」が下る恐怖の日であった。母が学校に行って通知表をもらい、成績が落ちていなければ問題ないが、もし落ちていたら「お灸をすえられる」ことになるのだ。これは比喩ではなく、まぎれもない現実のもぐさを使った灸のことで「やいと」と呼ばれていた。小学生の私にとってやいとは、健康的な仮面をかぶった悪魔の儀式で、この世で最も恐ろしい存在だった。私がどんなに許しを請い、泣いて叫んでも、母たちから容赦なしに押さえつけられ、背中に馬乗りになって大きなお灸をされるのである。今なら不適切養育とされるのだろうが、当時の田舎ではわりとあった話だと思う。

ある年の学期末。やいとを嫌がり「やめてー！」「ごめんなさーい！」と泣き叫ぶ私を見て、さすがの母も一瞬やめそうになったが、同居していた叔母（母の一番下の妹）が横から「ダメよ、やめたら！」と余計な加勢し、結局刑は続行されたのだった。よく面倒を見てくれた大好きな叔母であったが、その時ばかりは鬼のように思えたものだ。

また母は根回しや外交交渉にも長けたタイプで、学校の先生とも仲良くなって、事あるごとに贈り物や付け届けなど、こまめに気を使い、「うちのライゾウをよろしくお願いします」と頭を下げていた。その効果があったのかは不明だが、私は学芸会などでは常に主役で、何かと目立つ役回りが与えられた。それを喜ぶ母の期待に応えようと、幼い私なりに一生懸命取り組んでいたのを覚えている。

ガキ大将誕生

そうして田舎のなんちゃってエリート（？）として成長した私は、負けず嫌いのひ弱だけどヤンチャな少年に育っていった。父親もベタベタとした愛情表現はしなかったものの、家の敷地に珍しい果樹などを植え、私を喜ばせてくれた。特にサクランボの木に実が熟れる頃になると、それが自慢で友達を呼んで、食事もそこそこに木に登っていたものである。

そんな中、体力の乏しかった私はそれでも皆の中心でなくてはならないという性分で、自分がリーダーシップをとれる下級生ばかりを集めては、威張り散らしてガキ大将をしていた。当時ガキ大将といえば、運動ができて喧嘩も強くて、発言力もある…という感じで、同級生のガキ大将ともなると、発言力の方はなんとかなっても、運動と喧嘩には自信がなかった。その分三つも四つも下の子相手であれば、上級生というだけで相手はひるむので、充分対抗できるという、なんともセコいガキ大将だった。

そんな私が曲りなりでも下級生たちにリーダーとして認められるには、誰も思いつかないような楽しい遊びを発想し、企画する力が必要だった。子どもは非日常的で楽しいことには夢中になる。それを探し出し、計画し、実行する。私はそんなことばかり考える、ちょっと風変わりなマセガキになっていった。私は田んぼや野山で遊ぶ時も、下級生が思いつかないような面白い遊びを考案したり、時に起こる内輪もめを仲裁したりして、メンバーからの信頼を勝ち得ていった。山の木の上にトムソーヤのような小屋を作って遊んだり、野ウサギの子どもを捕まえてきて飼育したこともあった。小学校高学年の頃だったと記憶しているが、魚釣りで指導力を発揮できない私は、偶然家の倉庫で見つけた「魚捕り網」を使って大量に魚を捕ることを考え、熊野川での魚捕りを企画した。

「釣り竿で一匹ずつ釣るより、こっちの方がようけ捕れるで！」

景気のいい勧誘に乗ってきた下級生6、7名を連れて自転車で町内のお隣の地区である川角地区まで行き、近くの橋から川に入り下流へ向かう。何度か魚捕り網を使ってみたものの、フナ・ウグイ・ドジョウなどが少し捕れただけで、釣果はあまりなかった。

「ライゾウちゃん、あんまり捕れんねえ」「うまくいかんねえ」

最初は盛り上がっていたメンバーの士気も、みるみると下がっていった。

（このままじゃあいけん。なんとかせんと…）

そう考えた私は、隣町に入る手前で、川が導水溝に分かれる場所で堰を作り、網を仕掛けて魚を捕ることを計画した。導水溝への分岐点は川側の水が少なかったので、そこに堰を作ることを考え、皆に命令して石をどんどん運びこみ積んでいった。そうしてできた堰の真ん中に魚捕り網を仕掛け、そこだけ水が流れるようにして網にふたりを配置し、「お前らはその辺の竹とか枝で、水をいっぱい叩け！」と、残りのメンバーに命じて、魚を網に追い込むよう指示した。私も一緒になって仕掛けた網に向かって水面を叩きながら魚を追い込んでいったが、魚の姿はチラホラ見かけるものの、網に入ったかどうかまでは確認できなかった。

（これで上手くいくんかのぉ…）

不安と期待が入り混じる中、網を上げてみて驚いた。一網打尽とはまさにこのことで、網カゴいっぱいに魚が入っていた。おそらく20匹以上はいたと思う。

「すげえー！」「やったぁ、さすがライゾウちゃんじゃ！」

皆大興奮で私の家に持ち帰り、母に唐揚げにしてもらって平らげた。大人たちも驚く大漁劇で私は鼻が高く、自分のリーダーシップに自信を持つきっかけになった出来事だった。

初めてのツーリング

自信を持ちはじめたマセガキ大将の私は、大人への憧れも、他の子よりも自分が一番でないと、という思いも強く、おまけに無茶なことも後先考えずにやってしまう、困った悪ガキになっていった。

おそらく小学5年生くらいの頃だったろうか、ある休みの日に外で遊んでいて自宅に帰ると、見慣れたバイクが停めてあり、私の心はときめいた。家を出て独立していたマサフミ兄いが訪ねて来ていたのだった。当時の田舎では、バイクや自動車などはまだ希少で、子どもの私にとっては憧れの存在だった。

羨望の眼差しで、舐めるように車体を見ていると、鍵が付いたままだった。私はバレたら怒られるとは思いながらも、乗ってみたいという衝動に勝てず(ちょっとなら大丈夫じゃろ…)と、こっそり拝借することにした。その場で乗ろうとしたが、子どもの背丈では跨げない。それにエンジンをかけるのは、以前せがんで見せてもらったからおそらくできるが、さすがに運転はしたことがないため、こんな大きな物体をうまくコントロールできる自信がなかった。

(う〜ん、どうするかのう…。あっ、そうじゃ!)

いいアイデアが浮かんだ私は、バイクを押して100mほど歩き、家からすぐ近くにあった小学校の校庭に運んだ。ちょうど休日で学校には誰もいなかった。私は校庭の朝礼台の横までバイクを運ぶと、朝礼台に上ってバイクになんなく跨った。

（我ながらええこと思いついたわ！）

私はドキドキしながら、エンジンをかけた。「ブルンブルン！ブルブルブルブル…」と、心地よい振動が、お尻の下から伝わってくる。恐る恐るアクセルを回すと、「ブウーン！」と大きな音を立て、思いのほかすごい勢いでバイクは進み、私の足は朝礼台から離れて、危うくバランスを崩してこけそうになった。

（おっと、ヤバい！）

なんとか体勢を立て直し、優しくアクセルを回して一定のスピードにバイクを保つ。フラフラと不規則に砂煙を立てながら、なんとか校庭を一周する。無事朝礼台まで戻ってきて足を置く。やった！人生初のバイク運転ができた。その後一周、さらに一周と、徐々に走りも安定してきた。いつも体育で走る校庭を、バイクであっという間に一周し、朝礼台で足を下ろして一休みする。風を切って走る気持ち良さと、大人になれたような高揚感で、最高の気分になった。さらに何周かしていると、次第に校庭の中だけを走ることに飽きてきた。運転にも自信が出てきた私は、勢いに任せてそのまま学校を出て、町内を走り回ったのだった。

しばらく乗り回して元あった所にバイクを戻そうとしたが、自宅前には朝礼台のように足を下ろせる物がなかったのを考えていなかった。あたふたしていると、エンジン音に気づいたマサフミ兄いが出て来て、

「おまえ、何しよるんか！子どもが乗ってええもんじゃないんで！」

と、あえなく見つかって怒られ、事情聴取を受けた。私は観念してすべてを正直に話し、平謝りに謝った。バイクを乗り回したなんてことが父母に知れたら、どんな仕打ちを受けるか…。恐怖のやいとが頭をよぎり、何とかマサフミ兄いのところで勘弁してもらおうと必死になった。

「ほう…。校庭を何周もして、その後道路も走ったんか。こけたりせんかったんか？」

「うん、この辺の道なら車も少ないし余裕よ！もう大体コツはつかんだよ。…いや、もちろんもう乗らんけどね」

「ガッハッハ。おまえは困ったやつじゃが、度胸だけは一丁前じゃのう。バイクの

運転は面白いか？」

「うん！まあ…」

「ほうか、ほうか」

マサフミ兄いは右手でアゴをさすりながら、何かを確かめるように私の話を聞いていた。その仕草は大抵、マサフミ兄いが何かを企んでいる時に出るものだった。

それからマサフミ兄いは時々私を呼びつけ、「今からコレを○○さんところまで届けてきてくれや。お母ちゃんにはわしが上手いこと言っちゃるけえ。それに小遣いもやるで」などと言葉巧みに言いくるめ、バイクでのお使いを頼むようになった。そのうち父母にも私の無免許運転は知れたようだったが、ふたりとも知らないふりをして見過ごしていた。私の方もバイクに乗れるのが楽しくて、小遣いももらえるので万々歳だった。時代というべきか、一族というべきか…な話である。

ある時はマサフミ兄いが知り合いから借りていた、１２５ccバイクに乗って隣町に荷物を取りに行く用事を頼まれた。いつも乗っているバイクより排気量も大きく、スピードも出るバイクで、私は嬉しくなり、自慢したくて近所の仲の良い下級生も乗せてお使いへ向かった。途中90度にカーブして川を渡る道があった。私はいつもの調子で運転していたつもりだったが、おそらく排気量の大きなバイクで、思ったより加速していたのだろう。また車体も普段乗り慣れているものよりも重たく、よりコントロールが難しかったのだと思う。カーブを曲がり切れず、そのまま河原に落ちてしまった。

「あーーーー!!」

一瞬記憶が飛び、気がつくと私は河原に倒れていた。バイクは川の中でハンドルが変な方向に曲がり、ライトも割れて外れ、見るも無残な姿に…。あれ? 後ろに乗せていた下級生がいない!

「おーい！ヨシオ〜！大丈夫か〜！」と、あたりを見回しながら叫んでいると、「ライゾウちゃ〜ん」と、力ない声が向う岸からした。なんと下級生は川を飛び越えて反対の河原に不時着していた。私たちは通りかかったオート三輪に引き揚げてもらい、病院へ連れて行ってもらったが、幸いたんこぶくらいで済んだ。マサフミ兄いの会社に電話すると、バイクを壊したことを滅茶苦茶怒られたが病院まで迎えに来てくれた。

昭和30年代の田舎は、こんな話が珍しくなかったように記憶している。無免許運転がバレると、マサフミ兄いと共に駐在所に一升瓶をもって謝りに行ったこともあった。

わしは熊野の「とんど王」になる！

魚捕りの成功で自信を得た私は、相変わらず近所の年下の子どもらを組織しては、面白いことやちょっとワルいことを画策して遊んでいた。中学生になるとさらにガキ大将っぷりに磨きがかかり、いいことも悪いことも私を先頭に、みなで一致結束してやっていた。

私が幼少の頃はどんな田舎でも「とんど祭り」が盛んで、熊野町でも毎年盛大にやっている地域が多かった。私の住む中溝地区でも、近所のおじさんが1月7日頃から少しずつ材料を田んぼに集め、14日の午前中からとんどを作りはじめ、夕方までには完成させる。夕暮れになると、子どもたちや大人もお餅や書初め、しめ飾りなどを持ち寄ってとんどの周りに集まり、待ちかねたように興奮状態でワラに火をつけ合図を待つ。合図と同時に、とんどの周囲から火の手が上がり、子どもたちの歓声が上がると、この日ばかりは「早う寝え」「静かにせえ」と言われず、夜遅くまで遊び、餅を食べ、皆ではしゃぐことが許された。大人たちはそんな子どもを見守りながら、酒を飲んで楽しく過ごすのだった。

娯楽の少ない時代。大きな火を扱うとんどは刺激的で、燃え盛る火柱の迫力は、私の心をときめかせるのに十分だった。もっと大きな火柱がみたいと、ある年のとんどの時に私は近所の筆職人から、セルロイドを薄く削ったカスを大量にもらってきた。セルロイドは筆の軸でよく使う部品で、当時筆職人の家には、作業で薄く削ったセルロイドのカスがたくさんあった。ちなみにセルロイドは消防法で第5類危険物に属する可燃物で、火をつけるとすごい勢いで燃えるのだ。当時はそのカスを、風呂を沸かす時の焚き付け代わりに活用したりしていた。

私は友人たちと、大人に内緒でとんどにセルロイドを投入することを考えた。とんどがはじまって、少し火の勢いが落ち着いた頃、周囲の人が遅れて持ってきたしめ縄や書初めを追加でとんどに投げ入れたり、先を割った竹に鏡餅を差し込んで、とんどに近づいて焼いたりしはじめた。今ならとんどに近づいても不審がられない。その夕イミングを見計らい、仲間3人で「よし、今じゃ。行くで!」と、ドキドキしながらとんどに近づいた。その距離2mほど。そして声を合わせ「よし、せーの、そりゃっ!」と、大量のセルロイドカスを丸めた『特製セルロイドボール』を投げ入れた。

その瞬間、「ボンッ!!」という大きな音とともに、巨大な火柱というか、いや、あれは爆発といったほうがいいような現象が起き、会場は一瞬真昼のように明るくなった。

「わあっ!」と田んぼにいる全員が驚き、特に私たち3人はあまりの衝撃に後ろに2mくらい吹っ飛んだ。鏡餅を焼くため近くにいた大人も、何人かひっくり返っていた。

「なんや!何事や!」

万が一に備えて来ている消防団の大人たちから怒号が飛び、一時現場は緊張が高まったが、幸いすぐに火の勢いは弱まり、ケガ人も出なかったことから、とんど祭りは通常通り続行された。

「おい!大丈夫か?ん?ハッハ、なんやその顔!」

倒れた友人に声をかけ、顔を見て思わず笑った。友人は片方の眉毛が焼け、お公家さんのようになっていた。だが次の瞬間「なんやおまえこそ!ガッハッハ!」と、私も笑われた。私の方も眉が焼け、前髪も焦げて一部チリチリのパーマ状態で、ドリフのコントのようになっていたのだ。その後当然だが「お前ら何考えとるんか!!」と、消防団や大人たちからこっぴどく叱られ、父母からも大目玉をくらったのだった。

そんな楽しいとんど祭りだったが、農業から工場勤めの人が増えはじめると、次第にやる所も減っていき、大好きなとんどに参加できる機会は少なくなっていった。数年とんどをしなかったある年の11月頃。中学生ガキ大将の私はふと（来年こそとんどやろう！）（どうせやるならこれまで見たことない、熊野一大きいとんどをやるぞ！）と思いたった。その頃は魚捕りやキャンプなど、近所の少年グループはすっかり私のリーダーシップで動く組織『ガキ軍団』になっていた。

私たちは山で遊ぶことも多かったので、山に行くとついでに、山道近くの木をとんどのために切って転がして帰った。皆が「ライゾウちゃん。こんな大きな木、どこの山かも分からんのに、切ってもええん?」と問うので、「とんどや地区の行事で使う木は、どこのを取ってもええんや」と、前に地区のおやじ連中から聞いたような記憶から、そんなふうに言って納得させせた。

１月になってマサフミ兄いの会社の軽トラックを内緒で引っ張り出し、切っておいた木材をいつもの地区のとんど祭りをする田んぼまで運んだ。もちろん私の無免許運転である。事前に計算し、軽トラがギリギリ通れる山道沿いに木を倒し、トラックの荷台の長さと同じ長さに切っておいたため、やすやすと大量の木材や竹を運び出せたのだった。学校の勉強はとんとヤル気にならないのに、ガキ軍団の活動となると途端に知恵が働くあたりが、ガキ大将の面目躍如といったところである。この時の準備でもガキ軍団の結束は固く、大変な作業があっても誰も途中で投げ出すようなことはなかった。それは何よりガキ大将の「段取り力」や「プロデュース力」に心服していた証だったと、手前味噌ながら思う。

松の内が過ぎる頃、父や地区の大人たちに「とんどやろうや！」と言って材料が揃っているところを見せた。

「こんなに沢山の木、どうしたんや？」「またなんかしたんか？」と怪しまれ、一瞬ヒヤリとしたが、最終的にお咎めを受けることはなく、私たちの熱意が伝わったのか、それとも大人たちもとんどがしたかったのか、よく分からないが、無事とんど祭りが開催できることとなった。私たちガキ軍団の目標は「熊野一大きなとんどを作る！」ということだったが、思い通りこれまで見たことないほどの巨大とんどができた。巨大とんどは日が落ちてから点火され、田んぼの真ん中でとてつもなく大きな火柱を立てながら、轟々と燃えた。私たちはそれを鼻高々に眺め、得意満面であった。ただ、あまりに大き過ぎたため、とんどはいつまでも燃え尽きず、日にちが変わっても火の番で家に帰れなくなった。結局翌朝まで燃え続けたが、しかしそんな疲れも私たちは忘れるほど楽しく、地域の若者やおじさんたちも、酒を飲みながら最後まで付き合ってくれたと記憶している。

浮かれたガキ大将の末路

教育ママの母のことは書いた。何とか成績優秀のまま中学生になり、母はますます私に期待をかけてきたが、ある時からあまり成績のことを言わなくなった。

それは中学1年の1学期の終わりか、2学期のはじめ頃だったと思う。「全国一斉実力テスト」というものがあった。全国規模で行い、結果が全体に公表されるテストとのことだったが、私はあまり気にも留めず、たいして勉強もせずテスト当日を迎えた。テストを受けてしばらくたったある日。学校の廊下に、初めて1年生全員の点数が順番に張り出された。どんなものかと思って半分は興味本位、半分はちょっとドキドキしながら見に行った。この辺かな？と思った真ん中の方から順に下位を見ていくが、どこまで行っても私の名前が無い。

（おいおい。まさかそんなに低くはないはずじゃろ…）

そう思いながら再度真ん中あたりを見落としていないかと目を凝らしていると、友人が「おいライゾウ。こっちで！」と言って成績上位の方を指さした。なんと私は学年全体の4番で、男子ではトップだった。私の前は、女子の優秀ないわゆる「ガリ勉」と呼ばれた人たちだけだったのだ。母にとってこれは大きな勲章となり、その後少々私が悪さをしたり、遊び惚けていても、怒鳴り散らすことがなくなった。私にとってもこの体験は大きなインパクトとなった。遊んでばかりで勉強もほとんどしないガキ大将が、こんな好成績を取ったらどうなるか。当然浮かれポンチに拍車がかかり、勉強はまったくしない、授業も真面目に受けない、自惚れの塊になったのだった。

そんな学校や勉強をなめ切った中学生ガキ大将が思春期・反抗期を迎えると、あっという間にワルいことを覚えていくというのも想像に難くない。私は大人の言うことを聞かず、タバコを吸ったり、学校をサボったり、次第に「非行少年」と周囲から呼ばれるような存在になっていった。また、中学生というのはやたらと腹が減っているもので、元来食べることが好きだった私は、ヒマさえあればタダで美味いものを食べる方法を考えていた。

ある時同級生の友人と学校をサボって学区外で遊んでいると、スイカ畑を見かけた。スイカは私の大好物で、その畑のスイカはどれも大きく美味しそうに成長しており、ヒマと空腹を持て余した私には、宝の山に見えた。

「おい、立派なスイカじゃのう。ちょっともらって帰りたいのう」

「確かにうまそうじゃけど、こっから持って帰るのは大変で。バレたらヤバいで」

「…大丈夫じゃ。ええ考えがある。こんだけたくさんあるけえ、バレやせんじゃろ」

私は友人を説得し、一旦帰宅。そしてマサフミ兄いの会社の軽トラックをコッソリと拝借に行き、再度友人を連れてスイカ畑へ。日中堂々と軽トラックをスイカ畑に横付けし、ふたりでスイカを物色した。しかし「これはどうだ？」「こっちも負けてないで」と迷っているうちに、結局八つもスイカを持って帰ってしまった。

帰宅すると当然スイカ八つは隠しておけず、あっという間に父母に見つかった。最初は「何をしよるんかいね！」と怒られたものの、最終的に母は、「まあ持って帰ってしまったものはしょうがないね…」と、返しに行けまでとは言わなかった。ほっとした私は喜び勇んでスイカを切り、友人とふたりで、「いっただきま〜す」と見知らぬ農家に感謝を伝え、勢いよくかぶりついた。が、次の瞬間「オウエッッ！」と口の中の物を吐き出した。横で友人も「ペッ、ペッ、プッ！」と吐き出している。実は私たちには真っ赤で美味そうに見えたスイカだったが、素人が何の考えもなく収穫したそのスイカはほとんど熟れておらず、キュウリどころか、トノサマバッタのような青臭さだったのだ。

「なんじゃこりゃライゾウ！　食えたもんじゃないでえ」

「ほんまじゃのう…。ハズレじゃ。まあでも、まだこんなにあるけえ」

私は気を取り直して次のスイカを切った。今度のは先ほどより色も濃く、香りも甘い感じがする。

「よっしゃ、こっちは大丈夫そうなで！」「次は頼むで」

私たちは気持ちを切り替え、再び勢いよくかぶりついたが、今度のはさらに青臭く、カメムシのような味だった。

「オウエッッ！」「ペッ、ペッ、プッ！　おいライゾウ！　話が違うじゃないか！」

結局八つともまだ熟す前で食べ頃のものはなく、父からは「どうせなら美味いのを選んでこいや」と、不思議な小言をくらったのだった。

そんな失敗もあって、畑泥棒はすぐあきらめたが、近隣の果樹を勝手に取って食べることはよくあった。柿・アケビ・ヤマモモ・ビワなど、ガキ軍団では野山を駆け回って遊んでいたため、どこにどんな木があり、どれが今食べ頃かといった情報も、皆で共有していたのだった。令和の今なら、所有者など気を使わなければならないことが多いが、当時は怒られることはあっても「子どものすること」と、許容する雰囲気があったように思う。

私が暮らしていた中溝地区は当時の熊野でも最も商店などが集まる賑やかなエリアで、筆産業など商売が活発な土地柄もあって、付近には料亭や映画館もあり、まだ芸者さんもいたような時代だった。特に私は映画館が好きで、学校をサボってよく観に行っていた。そのうち、もぎりをしていた女の子と仲良くなり、「よお」と顔を出すと、「また来たん。こっちこっち。端の方でね」と融通してくれ、こっそり無料で入れてもらったりしていた。

また、当時はまだどの家庭にでもあったわけではない電話が我が家に来た際は嬉しくなり、かける相手もいないのに電話交換手の女の子にかけ、「ねえねえ、お姉さん、今から遊びにいこうや」などと、ナンパまがいのことをするような始末だった。

そうやって好き勝手な生活をしていたため、最初はトップクラスだった私の成績も、そのうちクラス10～15位を行ったり来たりとなったが、「俺が本気出せば」といつまでも高を括り、遊び惚ける生活を改めることはなかった。元々私に期待していた母は不安を強め、小言も増えていったが、私の体格もよくなり、幼い頃のように無理やり「やいとの刑執行」ということもできず、父に相談しても「あいつはワシの子じゃけえ。本気になったらヤル男よ！」と、自信満々に根拠のない発言を繰り返しては酒を飲むだけだった。

困った母は、隣町にいた占いがよく当たると有名な婆さんに相談したが、「ん！大丈夫！アンタの子はしばらくしたら本領を発揮するよ！」と言われ、モヤモヤしながらもその言葉を信じ、私がダラダラする姿をなるべく見ないように過ごしたらしかった。そんな占い婆さんのアシストがあるとはつゆ知らず、私はその後も自由気ままに過ごし、勉強に向き合うことから逃げていた。当然さらに成績は落ちていき、中学3年生の進学時には、隣町の県立高校になんとかギリギリ合格という状況になっていた。

夢の大プロジェクト「彼岸船を作る！」

熊野町には昔から、秋に盛大な『彼岸祭り』があった。町内の各地区が船の形をした山車を作り、町中を引き回すお祭りだった。幼児がいる家では、親が小さい船を作り、彼岸の前にゴロゴロと可愛らしく曳いて回っていた。

熊野には筆産業があったので、祭りを商売人が応援し、次第に派手になっていって、地区ごとの青年団が自慢の彼岸船を作り、夜ともなれば満々と提灯を灯して町中を練り歩いていた。地区の彼岸船は大きく立派で、中に数名の若者が乗り、太鼓をたたき、歌を流しながら曳いていく。地区同士の対抗意識もあり、船の出会い頭には「よけろ」「そっちがよけろ」とぶつけ合い、時に大喧嘩になることもあった。

小学校3、4年生くらいになると、地区の彼岸船を曳く列に入ることができた。その時だけは子どもも夜遊びが許され、今日は喧嘩があるかもしれないという、怖いような、楽しみなようなスリルを感じながら、少し大人の仲間入りができた気持になったのを覚えている。終了時には紙袋に入ったお菓子も配られ、彼岸祭りは子どもたちにとって1年の中でも最も楽しみな行事のひとつだった。

私が高校1年生の頃、ようやく熊野町にもマイカーや商用車が走るようになり、次第に夜の交通量が増えてきた。そのため警察から「彼岸船は三日間だけ」という制限が出るとの噂を耳にした。私にとってこれは相当ショックだった。というのも、ちょうど若者への仲間入りの年齢で、これまで船を曳くことしかできなかったが、若者となれば船に乗って太鼓をたたいたり、舳先について引き子に号令をかけ、向きを変えてお宮の前で船にお辞儀をさせたり、出会い頭に「突っ込めー！」と喧嘩船を命令したりと、ワクワクするような役割が担えるのだった。そんな憧れの役が回ってくる頃だから、彼岸船が縮小となることは受け入れ難い話だった。噂は春先からはじまり、その後警察が決定して正式に町へ申し入れたとのことだった。納得のいかない私は、どうにか例年通りできないものかと考えた。その時、(そうじゃ！彼岸船をガキ軍団で作って、警察にバレんように曳いたらええんじゃ！）と思いついた。

いいアイデアだと思ったが、よくよく考えるとこれは大変な作業であると気づいた。船を作る木材は、いつものように地域の山の木を切ればいいが(もちろん勝手に)、相当に大きな木が、かなり多量にいる。さらに船を作る建造費をどうするか？運航費や、子どもたちの菓子代は…と、難題がいくつも浮かんだ。

(やっぱり簡単じゃないの…。まずは資金を稼ぐ方法を考えんと）

そこで目を付けたのが、広島の浄土真宗檀家・安芸門徒の風物詩である盆灯篭の製作販売だった。ガキ軍団の子どもたちも、中学生や小学校高学年となっていたから、結構な作業がこなせるようになっていた。私は軍団の仲間たちを呼び集め、話をした。

「わしらで熊野一大きな彼岸船を作って曳こうで！　そのために、まずは盆灯篭を作って金を貯めるんじゃ！」

「すげーこと考えるね、ライゾウちゃんは」「よっしゃ、やろうやろう！」

皆憧れの彼岸船を作るという大事業に興奮し、多くの者が協力した。

盆灯篭は町内に数軒作る人もおり、作り方を教わることはできた。問題は販売先で、子どもたちが見様見真似で作る灯篭は、お世辞にも高品質とは言い難く、商品力はない。そのため知り合いを中心に趣旨を説明して賛同者を募り、予約販売とした。今でいうなら、クラウドファンディングといった感じである。軍団メンバーの家庭はいうに及ばず、子どものネットワークを駆使して数百本の予約を取り付けることに成功した。材料の竹は軍団がいつも遊びまわっている里山に、ちょうどよい女子竹《おなごたけ》の生えている竹林があるのを知っていたため、いつものようにマサフミ兄いの会社の軽トラックを拝借して皆で取りに行った。

「でもライゾウちゃん。こんなにたくさんの竹、勝手に切ってええん？」

「彼岸船は地域の皆のためにやるんじゃけえ、ええんよ…」

毎度のやりとりをしながら、丁度よい太さの竹を選別して採集した。もちろん費用はタダだ。糊は軍団メンバーの保護者が無料で作ってくれた。糊を塗るのに使う刷毛も、知り合いの筆屋に頼んで余りものをもらったので0円。費用がかかったのは紙のみで、大人に頼んで隣町の紙屋へ発注してもらった。地区内の経験者に教わりながら製作し、無事期限内に数百本を完成させて大きな利益をあげることができたのだった。

（よし！これで彼岸船作りの予算ができたで）

船の設計と建造は、大工である私の父が担当。製材も、地区の製材所で格安でやってもらった。車輪は誰かの家の荷車のものを流用し、当時の中溝区の船には及ばないものの、船の中に3、4人と太鼓が載せられるほどの立派な船が完成したのだった。そうなると同級生の悪ガキどもも寄ってきて、道路行政に反抗する学生運動というか、ヤンチャな若者集団くらいの迫力が出てきたのだった。そうして9月10日過ぎに、近所の小中学生を曳き手に集め、勢い勇んで彼岸船町内巡行を決行した。案の定、三日目に警察がやってきて大目玉。派出所で1時間以上の説諭である。

「またお前らか！　なにを考えとるんな！」

「いや〜、地区の彼岸船は制限がかかるって聞いたけど、これは個人のじゃけえ、ええんかと思いまして…」

「屁理屈を言うな！　ダメに決まっとる！」

だが、それでやめるくらいなら最初から作るわけがないと、その後もゲリラ的に、見つからないように仲間内で集まっては、近所ばかり回って盛り上がっていた。結局数年でこの彼岸船は壊れてしまったが、私が企画したガキ大将時代の事業としては、記憶に残る大事業となった。

ライゾウ、高校辞めるってよ

高校にはなんとか合格したものの、相変わらず私は学業や将来といったものに向き合おうとせず、フラフラするばかりだった。高校１年の１学期末には成績はビリの方で、授業に全くついていけなくなっていた。プライドだけは高い私は、そんな現実が受け入れられず、ますます勉強から目を背け、学校が面白くなくなって登校もしなくなるという悪循環だった。

そんな息子が家にいれば、親は当然小言の一つも言いたくなるわけで、両親とぶつかることが増えていった。高校2年の夏休み、家に居づらくなった私は、喧嘩で仲良くなった友人のところに転がり込んで居候をしていた。そこは広島から近い島で、友人の家は漁師をしていた。私は毎夜友人と映画を観たり、女の子をナンパしたり、その地域の悪ガキを集めて遊び惚けていた。

9月になったので仕方なく一旦帰宅したが、まったく学校に行く気にならず、サボっていると、また先生や親ともめ、家出を繰り返すという始末で、見事に転落の道を突き進んでいった。

遊びたいもののお金がないため、私は深夜の流川でクラブやキャバレーの清掃をするアルバイトについた。当時暴力団のとある組が仕切っていたバイトで、その予備軍みたいな連中がたくさん働いていた。大した稼ぎにはならなかったが、私のような不良でも簡単に雇ってくれるし、街の賑やかな空気が感じられて楽しかった。

そんなことをしながらフラフラしていた冬のことだ。造園業をしていたマサフミ兄いの新車のオート三輪を勝手に持ち出して乗り回していたところ、朝うっすらと雪が積もっていた橋でブレーキをかけてスリップし、橋の中央で車が横転してしまった。

何がなんだが分からなかったが、私はとにかく必死で車外に出て、無我夢中で車体にしがみつき、気がつくとひとりで車を起こしていた。初めて経験する〝火事場のバカ力〟で、なんとか自力でその場を脱したのだった。だが新車をキズつけてしまい、恐くなった私はなかなか家に帰れず、しばらく友人宅を泊まり歩いて過ごしていたが、ほどなくしてマサフミ兄いからの指名手配により連れ戻され、しこたま怒られることとなった。

結局2年生の夏に高校を退学。両親の落胆は激しかった。特に父の酒量は一気に増え、身体を壊す原因の一端となったように思う。父はその後肝臓を悪くし、私が20代の時に病死した。私はまともな仕事にも就かず、時々マサフミ兄いの造園業を手伝ったりしながら、年下の女性と同棲をしたり、悪い仲間と遊んだりと、荒れた生活を送った。小学生時代の優等生は、すっかり「悪の優等生」となってしまった。

家族の章　その1

2023年5月

令和5年GW明けのある日。

僕は母と、父の入院している病院に来ていた。病室は4人部屋で、父も含めて患者はみな高齢男性。寝息を立てて眠る人、時々どこか痛むのかうなり声をあげる人もいる。一番廊下側のベッドで、父は横になって眠っていた。ノドには気管切開をして呼吸器をつけ、お腹には「胃ろう」という、腹に穴を開けて直接そこから胃に栄養を送る入り口が造られている。呼吸器の「プシュー、プシュー」という機械音が、いかにも病院らしさを演出していた。

外は雲ひとつなく、絶好のお出かけ日和といっていい日だ。まぶしくて暑い。それに対し、病室内はまるで取り残されたように静かで、うす暗く、強めのエアコンが少し寒いくらいなのがなんだか皮肉だった。

父のライゾウは先日、この療養型病院に転院してきたばかりだった。その前は市内の救急総合病院に年明けから入院していた。はじめは持病の治療のための入院で、これまでも年に数回繰り返していたもので、本人も個室でマイペースに仕事をしながら、くつろいでいる様子だった。

だが僕が父に頼まれて新品の電気シェーバーを病院に届けた十数日後。父は「間質性肺炎」という病気を発症。容態が悪化し、自発呼吸が難しくなった。一時は気管挿管しないと危うい状況となって、集中治療室に移された。

命の危険もある状況で、母のみに面会が許されたが、コロナ禍ということもありごく短時間だけだった。父は口から管を入れられ、強制的に酸素を送り込むことで、何とか命を繋いでいる状態で、意識も朦朧として横たわっていたという。

いつも父へのグチばかり言う母も、これには相当堪えたようで、帰宅後は「なんとかならんのかね…」と落ち込むばかりだった。

父の容態はその後1週間経っても、2週間経ってもなかなか回復しなかった。

少しして病院側から、気管挿管はこれ以上できないため、治療を継続するならノドを切開して人工呼吸器をつける必要があること。ただ一度呼吸器をつけると、回復して必要なくなる時以外は外せないとの説明があり、私たち家族に判断が委ねられた。

「どうしたらいいんかね?私は分からんよ…」

気落ちしている母には病院の難しい説明はなかなか頭に入らないようで、僕らきょうだいは連絡を取り合い、主治医の説明を聞くなどして話し合った。

父には回復の可能性がある。もちろん高齢で、病気も多く、どこまで回復が叶うかは分からない。でも少しでも可能性がある以上、きっとあの父なら諦めずに治療を望むはず。そう考えた僕らは、「とにかく少しでも可能性があるなら治療をお願いしよう。ただし、回復が望めない延命はしてもらわない。たぶん本人もそう言うはず」という結論に至った。それは母も同じだった。

僕たちはその方針を病院側に伝え、できる限り最大限の治療をして欲しいとお願いした。数日後、父の気管切開の手術が行われ、母は病院に立ち会いに行った。手術は無事成功し、父のノドに穴が開けられ、そこから気管に直接人工呼吸器で酸素を送り込むことになった。

その後父は徐々に回復の兆しを見せていった。3月下旬には集中治療室を出て、一般病棟に戻った。意識も次第にハッキリしてきて、面会に来た母の話に頷いたりできるようになった。

父は危機を乗り越えた。父の生きる意志が勝ったのだ。

その後も本当に少しずつだが、父は回復していった。家族の面会も許可され、僕らは短時間だが父と会えるようになった。

令和5年4月。術後初めて僕が会った父は、大きな体をベッドに横たえ、腕も足も浮腫んでいつもの倍くらいに大きくなっていた。顔の筋肉も病気のために緩むのか、元気な時より締まらない感じになってしまい、表情もあまり作れない様子だ。

（父さん…）

僕は一瞬ショックを受けたが、目が合った父の反応は素早く、瞳の光はしっかりしていた。父は入室した僕を認めると動く右手を僕の方に伸ばし、「よお、よお！」という感じで振ってきた。

「おう、来ましたで！」

僕はエセ関西弁でそう声をかけながら、父の右手と握手をした。その強さと温かさを感じ、僕はただただ嬉しくなった。何はともあれ、父は生きている。ここで父が、生きていてくれている。そのことにホッとした。父の体は傷つき、変わってしまったが、それは父が病気と闘った証であり、勲章のように感じた。

「大変じゃったね。でもさすが。父さんは簡単にはくたばらんよな！」

まんざらでもない顔で頷く父の顔は、いつものあの、どこから湧くのか分からない自信にあふれた顔に見えた。

入院から3カ月が過ぎようとした頃。主治医から改めて説明があり、父は現状では24時間の投薬管理や呼吸器管理が必要であり、今後寝たきり生活となること。気管切開をしたために声が出せず、栄養は胃ろうから取り、排泄も移動もすべて完全介護が必要で、当面自宅に帰るのは難しいだろうとのことだった。そして5月になるとリハビリと療養のため、今の病院に転院することが決定した。

家族としてもちろんショックはあったが、とにかく父が一命をとりとめたことのほうが嬉しかった。母もしばらくは落ち込んでいたが、父との面会を重ねる中で、少しずつ元気を取り戻していった。今では病室で父と筆談で喧嘩することもあり、以前と変わらない夫婦の様子が嬉しくもあった。

「ありがとねえ。あんたも仕事忙しいんでしょ？」

母は父の身の回り品のチェックをしながら、僕に話しかけた。

「ああ、気にせんでええよ。それより持って帰るものはこれくらいでいい？」

転院したばかりの病室には、まだ最初の救急総合病院に父が持ち込んだ荷物が残っていた。パソコンや仕事関係の書類、雑誌などが、父用にあてがわれたベッドサイドの戸棚に、ちょっと強引な感じで詰め込まれている。

僕の今日の仕事のひとつは、病室にある余分な荷物を持ち帰ることだった。中身を確認しながら、いらないものを選別していく。

「パソコンは持って帰っとくよ。あと、この本ももういいよね。ん？　この封筒は？」

Ａ４サイズが入る大きめの茶封筒に、ダブルクリップで止められた分厚い紙の束が入っていた。軽く見積もってもＡ４用紙が50枚以上ありそうだ。仕事関係の資料かな？

そう思ってよく見ると、そこには、

「我が自伝。出版を目指す！」

「店の生い立ち。起業の苦労や飲食店経営の面白さを伝える。若い人たちへ」

などと、見慣れた文字でメモが貼り付けられていた。

「…母さん、これって父さんが書いた自伝じゃない？ほら、こないだの夏に言ってた！」

去年の夏。父が急に、「わしは自伝を書くことにしたで！　ネタはつきんけえのう！　ガハハ。できたら読ませちゃるけえの！」と言い出したのを、僕は覚えていた。その時は、家族の誰もが「またはじまったよ…」くらいにしか思わず、あまり相手にしていなかった。昔から父は何か思いつくとすぐ行動し、周囲を巻き込んで振り回すというのがいつものパターンだった。

「自伝？…あ～、そんなこと言いよったねえ」

母は思い出したようで、僕の方に近づいてきて原稿を手に取った。

「父さんコレ、本にしたいみたいよ。ほらここに『出版を目指す！』って」

「えー？　やめてよ恥ずかしい。なになに？　プッ、『ついにここまできたか…』なにコレ～。誰が読むんかいね、こんなもん」

母はそう辛口で言って笑いながらも、少し優しい目で父の原稿を眺め、

「まあでも、家族くらいは読んであげんとかわいそうかねえ…」

と、まんざらでもない顔でページをめくりはじめた。

チンピラもどき、板前になる

本人の章
その2

相棒の名はキヨタカ

私が高校を辞めた頃、母方の叔父が広島市内の本通３丁目の証券会社の店頭で、会社が閉まってから植木と花の出店をやっていた。叔父には子どももいたが、従兄で２歳年上のキヨタカと私がとても仲が良い上に、ふたりとも揃って定職にもつかずフラフラしていたことから、よく叔父の店を手伝いに行っていた。当時親戚の間では、たびたび悪さをする私たちは札付きの問題児コンビとして知られており、「ライゾウとキヨタカを一緒にしたらいけんで！」と言われていた。

ある日、叔父の出店の店番をキヨタカとふたりでしていると、若い男の客がやってきた。チンピラ風の男で、最初は調子のいいことを言っていたが、そのうち、「それにしても見てくれが悪いのう」「もっと派手な花はないんか」などとイチャモンをつけはじめた。私はすぐ頭にきて、「わりゃ、ええ加減に…」と言おうとすると、隣でキヨタカが目で私を止め、「まあまあお兄さん。田舎もんの店なんで。堪えちゃってや…」と大人の対応をするので、さすが年上だなと感心していた。

だが次の瞬間、「まあ、これで堪えてや！」と、その客に殴りかかり、結局３人で大乱闘。その後駆け付けた叔父や周囲の人に止められ、パトカーが何台も来て喧嘩はなんとか収まったものの、当事者全員お咎めを受けることとなった。ちなみに後で聞いたところによると、その若い男は本物のヤクザであった。私はこの時も未成年ということで直接の刑罰はなかったが、家庭裁判所から呼び出され、裁判官から説諭といってお説教を受ける処分となった（実は初めてではなく、中学生の時も無免許運転で呼ばれたことがあった）。

家庭裁判所へ呼び出される日。私のところにキヨタカがやって来て、「わしも一緒に行っちゃるけえ。任せとけ」と言った。私もひとりで行くのは心細かったので、同行してくれるのはありがたかったが、「保護者がおらんといけんじゃろ。わしがやっちゃるけ」と、あろうことか、事件の共犯者であったキヨタカが兄になりすますという。

「大丈夫かいの。そんなことして…」

「家庭裁判所のもんはわしの顔なんか知らんわい」

どうやらこの大らかさというか、いい加減さというかは、一族共通のものらしかった。

ふたりで家庭裁判所へ行くと、キヨタカは係の人に大きな声で、「岡崎ライゾウとその兄でございます！　本日は大変お世話になります！」と大真面目な顔で言った（が、目は笑っていた）。通された部屋で待っていると、記録係の男性が入室してきて、その後すぐ法服を着た優しそうな中年の裁判官が現れた。私たちは起立してお辞儀をし、着席した。

「え～、それでは…」と裁判官が話し出そうとした矢先、キヨタカが私を引っ張って立たせ「裁判長！」と叫んで手を挙げたかと思うと、いきなり私の頭をバコッ！と思いきり殴りつけた。

（痛っ！何するんや）と思ったのも束の間、キヨタカが大声で「今度からよくよく言って聞かせますので。この度ばかりは許してやってください！」と私の横で頭を下げ、「お前もちゃんと謝れ！」「どんだけ迷惑かけたらいいと思っとるんや。このバカ弟は！」と、私の頭をつかんで下げさせ、記録係の人が止めるのも無視して説教をはじめた。

それを見て裁判官は「まあまあお兄さん。分かりましたから落ち着いて」となだめてくれ、結局話は終始キヨタカペースで進み、説諭は短時間で済んで事なきを得たのだった。この時どんな説諭を受けたのか、内容は全く覚えていないが、裁判官が偶然私と同じ「ライゾウ」という名前で、人生で初めて出会った同名の人だったことだけはよく覚えている。

今思えば無茶苦茶で、他人様に迷惑ばかりかけており本当に反省しかないが、若い頃は無茶や悪さをすることがカッコよさや男らしさと勘違いしていたようなバカ者だった。だが後に、この破天荒な青春時代のツケを払うことになるのは、当然自分しかないのだった。

大阪修業に飛び込む

18歳の春先。同級生は高校を卒業し、大学に就職にとそれぞれの進路を進む。さすがの私も妙にソワソワし、居ても立っても居られない気持ちとなった。数年バカをやってきたが、このままではマズイことは百も承知していた。時々正気を取り戻すように（よし。明日からは真面目にやり直そう！）と思う瞬間もあるのだが、二日もしないうちにまた目の前の楽しいことに現を抜かす日々だった。

キャバレー掃除のバイトも続けていたが、ある時そこの親分に、「お前学校に帰れ。今どき大学も出ていないヤクザは飯が食えんぞ」「うちの○○も大学行っとるじゃろう。大学出て、それでもヤクザになろうと思ったらまた来いや」と言われた。その組はその後、大きな企業グループとなってテレビコマーシャルまでするようになった。

昭和39年5月。私は（このまま広島におったらいかん！）と思い立ち、大阪に行って板前の修業をすることを考えた。悪い遊び仲間のいない新天地でちゃんと働いて金を貯め、手に職をつけていずれは地元広島で自分の店を持つ。そんなことを夢見て、鈍行列車に飛び乗った。

大阪を選んだのは、一番身近な大都会として頭に浮かんだということもあったが、昔からの友人が3人、就職や進学で大阪に出ていたということも大きかった。彼らが広島を出てまだ1、2カ月のことだったが、私が連絡をすると大阪駅に迎えに来て関西風のお好み焼きをご馳走してくれ、初日の夜は、「見ちょれよ！　ワシが本気出したら、あっという間に一流の板前になるで！」などと軽口をたたいて盛り上がった。

その晩、友人の会社の寮で雑魚寝をさせてもらったが、夜中に何度もトイレで目が覚めた。緊張とストレスからくるゲリのようだった。友人の前では強がっていたものの、この時の私はいよいよここから何の後ろ盾も無く、自分で道を切り開いていかねばならないという緊張と心細さで一杯だった。

（くっそ〜。ハラ痛なんか、なんぼのもんじゃあ！）

私の家系は元々胃腸が弱く、小さい頃はあまり気にならなかったものの、私も大人になってからストレスが高まると、お腹を壊すことが頻繁にあった。しかし元来の強がりと反発心もあって、そんな不調は周囲には出さず、ひとりトイレで気合を入れて乗り越えようとしていた。

翌日には腹痛もなんとか小康状態となり、私は早速働くところを探すことにした。だが保証人も伝手《つて》もない中では、なかなか雇ってくれるところも見つからない時代。そこで私は、叔父の知り合いである大平さんを訪ねた。

大平さんは大阪府警の刑事で、非行少年からの更生を目指す私にとって最適の身元保証人だった。私はお腹の調子に一抹の不安を抱えながら、大平さんの勤める警察署を訪ねた。

「お忙しいところ、失礼します！」

「おお、君が岡崎くんか。自分、広島ではずいぶんヤンチャしてたらしいなあ！」

大平さんは見事な逆三角形体型で、笑うと力道山のようだった。ただ、さすが大阪の人という感じで、よく喋る人だった。

「…はい。すみません」

「ええねん、ええねん。でも、こっちではイイ子にしとってや。ダハハ。で、自分板前志望らしいけど、どこで勤めたいとかもう決めとんの？」

「いや、大阪のことは何も分からなくて…」

「そうかそうか！ええで。そしたら大阪の名店を教えたるわ！」

大平さんは板前修業するなら船場の老舗が一番と、有名店を連れ歩いてくれた。バッテラをはじめた寿司万や、箱寿司の元祖といわれる吉野寿司。大阪ちらし寿司の創始者で、握り寿司もある老舗の稲葉寿司などを紹介してくれ、将来広島で商売するならと、最終的に稲葉寿司に就職が決まった。

「がんばりや岡崎くん！はよう一人前になって、広島のお父さんお母さんを安心させなアカンで！ダッハッハ～」

こうして、私の大阪での修業生活がはじまった。

稲葉寿司は小さいながらも船場のそうそうたる企業・銀行などが得意先で、当時の普通の寿司屋の1.5倍から2倍近い価格の高級店だった。そこに住み込みで丁稚として働きはじめることになった。修業は何もかも分からないことだらけで、当然最初は怒られてばかりだったが、とにかく必死にやっていると、気づいたら2、3カ月が経っていた。

夏になり帰省をさせてもらったが、悪ガキで気位ばかり高かった私は、(どうせ帰るなら颯爽と、カッコよく帰らんといけんわ！）と、何を考えたのか給料のすべてをはたいて飛行機で帰ることを思いつき、伊丹空港から広島空港まで初めて機上の人となった。

熊野に戻ると、稲葉寿司ではまだ出前しかしたことがないにも関わらず、大阪の有名店で修業していることを自慢げに語り、同級生やガキ軍団の連中を集め、見よう見まねでにぎり寿司を振る舞い、散々威張り散らしたのだった。生意気一杯の小僧であった。

逃走、また逃走

盆休みをふるさとで過ごし大阪に戻った私だが、飽きっぽい性格とわがままはまったく抜けていなかった。毎日出前と掃除と皿洗いの日々で、食材に触れるのは野菜を洗うか生ゴミを処理する時のみの生活に、すぐにうんざりするようになった。

そんなやる気のない態度はすぐに見抜かれるもので、師匠や先輩から怒られることが増えていった。特に私に直接指示を出すことが多かった、ヤスさんという先輩は厳しく「もたもたすなや！」「何べん言わせるんじゃ！ボケ！」としょっちゅう怒鳴られた。プライドだけは一丁前の私は内心、（こいつ…いつかしばいちゃるけえの！）と、反発心を募らせていたが、この頃はまだそれを仕事に向けるほどの根性も覚悟も無く、他所で不満を言っては仕事も手を抜くという後ろ向きな態度に終始していた。

ある時、仕込み中にヤスさんから「おう、そこのテツをこっちに持ってこいや」と言われたが、私は何のことか分からず、返事をしかねていると、「おまえ、まだテツも分からんのか！テツはコレよ」と言って、さっき仲買人が持ってきたフグだと教えられた。大阪ではフグのことを「たまに（毒に）当たる」ことから、テッポウというのは知っていたが、さらに縮めてテツというのはこの日初めて知ったのだった。

「これやから広島の田舎モンはアカンわ！」

「くっ……！」

自分の実力のなさを言われるのは仕方がないが、故郷のことをバカにされるのは許せなかった。思わず拳を握りしめたが、バレたらマズイと咄嗟に俯いて後ろを向き、何とかその場を誤魔化した。ヤスさんを殴りたかったが、それをしたら負けなことだけは分かっていた。ただ、かといって本気で仕事に取り組む気持ちにもなれない自分が情けなかった。

今になって思えば、当時の私は初めてまともに働くことへのストレスと、文化の違う大阪という土地での慣れない暮らしに打ちのめされていたのだと思う。弱い自分を認められない甘ったれた小僧で、まだ怒りや不安を反発力に替える〝なにくそ根性〟が出せない時期だった。

そんな稲葉寿司に勤めて1年経ったか経たないくらいの初夏のある日。

私は昼の営業時間が終わった後、店の裏手にある洗い場で寿司桶を洗っていた。天気のいい日で、寒くも暑くもない気持ちのいい午後。ほかの人は皆休憩で出払っており、店には私ひとりだった。私は連日の雑用やヤスさんからのいびりに近い叱責に疲れきっていた。

寿司桶を洗いながら想いを巡らせていると、次第に何も考えられなくなり、私は蛇口から水を出しっ放しにしたまま、ボーッと外を眺めていた。そしてふいに、

（…そろそろ熊野に帰ろう）

と衝動的に思い、数分後には寮に戻って荷物をまとめていた。それから出前用の自転車を勝手に使って荷物を大阪駅まで運び、窓口で広島まで送るよう手続きした。その後店に引き返して白衣を着替え、「お世話になりました」とだけ書いたメモを板場に置くと、そのままトンズラした。

助けてくれた友人や、世話をしてくれた大平さんにも何も告げず、まさに白昼堂々の逃走劇だった。散々威張り散らして都会に出たが、あえなく1年ほどでの完全撤退。己の力不足を思い知らされた。

広島に戻ると稲葉寿司での失敗のことを周囲には「まあ上方のやり方は大体分かっ

たけえ。あとは広島のやり方を勉強せんとのう」などと適当に誤魔化して伝えたが、大抵の人には逃げ帰ったことはバレていた。

しばらく本気で働く気も起きず、叔父がやっていた植木と花の出店をまた手伝うことにした。従兄のキヨタカもおり、トラブルメーカーコンビの復活である。実家にいるのが気詰まりで市内のキヨタカの家に居候し、たまにしか熊野には戻らずフラフラしていた。ある日キヨタカと車で市内を移動中、信号待ちで右折しようとしていたら、路面電車と互いに「おい、そこ！ 邪魔だ！」「やかましいのう！ お前こそどけろや」と揉めてしまい、運転手と大喧嘩になって電車を止めるという事件も起こした（この時も警察が来たが、幸い裁判所まで行くことにはならなかった）。

面倒くさいことは忘れようと遊びやナンパをするが、不思議なことに以前のように楽しめなくなり、逆にヤスさんに罵られた情けなさを思い出しては、沸々とした想いを溜め込んでいた。

そしてある日ついに、（やっぱり自分が実力をつけるしかないわ！ 今度こそ本気で寿司職人になろう！）と決心して、流川の寿司屋に面接に行った。悪ガキのプライドと見栄で、「大阪船場で1年以上修業した」とホラを吹くとすぐ採用が決まった。

（まあ1年以上はちょっと言い過ぎじゃったけど、大方嘘は言ってないよの）

あまりにあっけなく仕事が決まったので少し驚いたが、これから実力をつければ問題ないと自分を正当化していた。すると初日から先輩の職人が私を板場に呼び、「じゃあ、これをおろしてね」と、大きな鯛を持ってきた。だが魚をおろすことなど全くやったことがない私にできるはずがない。仕方がないので、店で見ていた記憶を頼りに適当にやっていると、その職人が「お兄さん、そうじゃなくて、広島じゃあこうやるんよ」と親切に指導してくれた。

その後、昼の営業時間となったが、「じゃあ握りを頼むよ」と、あろうことか私に板場に立って寿司を握れと言う。

（えっ、わし!?）と心で思い、冷や汗が出てきたが、すぐに開き直る性格から（稲葉寿司で見た通りやればいいんじゃろ！　やっちゃるわ！）と、なかばヤケクソで寿司を握った。なんとか注文されたマグロを寿司の形にし、「へい、お待ち！」と勢いよくカウンターの客に出した。しかしその０・５秒後。素人が握ったバランスの悪い握りが、客の前で「コロッ」と横倒しにコケた。

「……」

客と私の間に一瞬の沈黙が訪れ、私は(やってしまった…)万事休すと思ったが、それを見た客は「兄さん…今日のマグロは活きがいいねえ！」と、上機嫌で寿司を食べたのだった。今思い出しても恥ずかしいが、それが私の広島での寿司職人初日であった。

さすがにこのままではマズイと、私はその店を逃げるように無断退職した。2度目の逃亡である。再びキヨタカの家に居候し、気が向けば叔父の出店の手伝いをしたり、友人と遊んだり、ナンパをしたりと遊び人のような生活を送ったが、内心は（これじゃあ、いけん。何をしよるんじゃワシは！）と、想いと現実のギャップに悶々とした日々を過ごしていた。

叔父の出店を手伝いに来たある日。私は出店の開店準備を済ませると暇になり、なんとなく街中の歩く人を見ていた。ちょうどそのくらいの時間になると、近隣の料理屋の若い衆が職場に行く頃で、50ｍほど先からこちらに向かって歩いてくる、高下駄で板前用の白衣を着たひとりの若者が目に入った。短髪で清潔感があり、いかにも真面目そうな顔は私とほぼ同年代か、なんなら少し年下に見えた。

(あんなワシより若くて根性なさそうなあんちゃんでも、ああやって立派に修業しとるんじゃのう。あいつとワシの何が違うんかのう…)

羨望と嫉妬と自分へのイラ立ち。様々な想いがごちゃ混ぜになり、私は歩いてくる板前見習いふうのその若者から、目が離せなくなった。

(ワシもこのままじゃあいけん。どんどん皆に置いて行かれるで!)

彼が通り過ぎそうになった瞬間、私は居ても立っても居られず、衝動的に呼び止めた。

「ちょっと、お兄さん、お兄さんよ!」

「…はい? 私ですか?」

急に呼び止められ、若者はきょとんとしていたが、声をかけた私の方も自分で自分の行動がよく分からなかった。

「そうよ、お兄さん。その…最近調子はどうかいの?」

「は?… まあ特に問題ないですが…」

若者は戸惑い不審がっていた。

「そうか、そうか。それは何より。ハハハ…。その、白衣カッコええのう。どっかの料亭の板前さんかい？」

「はあ。まあ、まだ見習いですけど…」

「実はの…実は…えーっと、えっとー…」

（えーい、どうせダメで元々よ！）

私はここにきてようやく決心し、自分の思いをありのままにぶつけることにした。

「実はのう…ワシも板前になりたいんよ！どうじゃろう？兄さんのところで、わしを雇ってくれんかいの!!」

「えっ!?」

何だか勢い余っての就職活動となったが、客観的にはどう見てもチンピラが因縁をつけているようだったろう。若者の顔は明らかに引きつっていた（後に私よりも年上と判明した）。だがこのことがきっかけで、私は後の就職先『割烹玉川』と出逢うことになるのだから、人生とは分からないものである。

私が料理人という職業を選んだ理由は、普通に就職している友人たちに逆転勝利するには、自分が社長になればいいのではないかと単純に思い込んだからだった。学歴もない、お金もない、辛抱もできない自分は、手っ取り早く手に職をつけるしかないと考え、その第1候補が料理人という道だった。

こうして今度こそ本気で腹をくくった私は、割烹玉川で板前見習いとなる。そしてこれが私の料理人としての生涯の師匠、織田忠先生との出会いにつながった。

生意気板前誕生

街中でのキャッチセールスのような就職活動が功を奏し、真面目な板前見習いの若者は店主と料理長に私のことを紹介してくれた。おかげで本通り3丁目の名店、割烹玉川で働くこととなった私だが、尖がった性格と負けず嫌いは治らず、わがままで生意気なガキだった。ただ、多くの失敗からようやく学んだこともあったようで、とにかく早く一人前になることに集中するようになっていた。

仕事を覚えることには真剣で、師匠のすることをとにかくよく見ていた。当時の板前の世界というのは、普通の職場と違っており、店に雇われているという意識は希薄だった。料理長である師匠がトップで、独立した階級社会。部下を雇うのも、給料も、仕事の担当も、店のオーナーではなく、すべて師匠である織田先生が決めていた。

織田先生は当時、市内の繁華街ではそれなりに名の通った料理人であり、某超有名なお好みソースの開発に協力したとか、全国的に有名なカニ料理専門店の総料理長をしていたとか、下っ端弟子の私からすれば、雲をつかむような伝説めいた話がたくさんあり、真偽が定かでない噂もあったが、数十年後に織田先生の口利きで、カニ料理専門店の厨房に入らせてもらったこともあったので、やはり相当のカリスマであったのだと思われる。その師匠から読むように勧められた『庖丁』という小説には、戦前の料亭では料理長はひとり部屋を与えられ、専属の女中さんがいて、店主の沸かした一番風呂に入るシーンが詳しく書かれていた。店の命運を握っているのは料理長の腕次第という風潮の時代。料理人は、師匠の意向で店を替わったり、役職が変わったりするのが普通だった。上司が店を替わる時は、自分の上が入ってくるか下が入ってくるかで調理場での自分の待遇が変わった。下が入ると自分の仕事が認められ、一人前に近づいたということだった。

入店後１年くらいたった頃そんな出来事があり、私とほぼ同等の若い衆が入ってきた。同等であれば私の方がその店では先輩のため、序列が上となる。その時から１年間続いていた鍋洗いや野菜の下処理などの仕事を抜け出し、焼場・盛り付け・魚の下処理へと担当が変わって、いよいよ職人らしくなった。住居は店から借り上げアパートの一室を与えられ、毎日午前８時に出勤して仕込みを開始。昼に１時間半ほどの休憩はあるが、閉店して片付けを終えて帰れる午後11時まで、働きづめだった。

師匠は大抵お昼の開店前に入店し、それと同時にまかないの朝食となる。通常まかないは「追い回し」と呼ばれる、調理場で最下位の若い衆が担当する。まかないはお客さんに出さないとはいえ、師匠や先輩たちに食べてもらう物なので、ある意味料理人として試される場ともなる。美味しさはもちろん、手際の良さや材料を無駄にしないことなども見られており、ここで料理人としての基本を学ぶのだ。

当時の和食の料理人の階級は「追い回し」からはじまり、「焼場」「あげ場」「向こう板」「盛り付け」「煮方」と上がっていくのが基本だった。階級が上がるごとに、給料と任される仕事も大きくなっていき、料理人としての箔がついていく。

私が最初の追い回し時代に、料理の基礎と共に身につけたのが「板前の早食い」だった。

例えばある日のまかないの様子はこうだ。

師匠の入店と同時に配膳開始。その日は前日の刺身の残りを漬けにしたものと、私が出勤してから作ったポテトサラダと味噌汁。テーブルに料理と皿・箸・湯呑を準備し、3人の上司のご飯をよそい、汁を注ぐ。師匠たちは食べはじめるが、私は沸かしておいたお湯でお茶を入れ、自分のご飯と汁を準備してから席に着き、少し遅れて食べはじめる。最速で口にかき込むが、三口目の前に先輩から「おい、おかわり」の声。

「はい！」

急いでご飯をついで戻るが、すぐに「醤油くれ」「お茶」「こっちもおかわり」などと次々注文が入る。

（食べるヒマないじゃないか！）

注文を素早くさばきながら合間を縫って大急ぎで流し込むように食べ物を口に入れていく。が、次の瞬間「はい、ごちそうさん」と、師匠が食べ終わると、「ごちそうでしたっ」と、そこで全員強制終了。すぐに片付け開始となるのだった（当然片付けるのも私の仕事）。

（まだ半分しか食べてないのに…）

そんな経験を何度もした私は、自然と早食いになっていった。ボーッとしていると、実質食事抜きとなる世界であった。

昼の営業が午後2時で終わると、2時半から4時までが休憩となる。料理人も各々昼寝をしたり、ゆっくり新聞を読んだりと息抜きをするのだが、私はもっぱら喫茶店通いだった。当時本通り3丁目の路地には高級でシックな『琥珀』と、開店したばかりの『オリンピア』という、2軒の喫茶店が軒を連ねてあった。若い私には高級な雰囲気の琥珀は敷居が高く、昼休みには毎日のようにオリンピアに行っていた。オリンピアはウエイトレスもウエイターも若く、通ううちにすぐ全員と親しくなった。給料の大半はコーヒー代に消えていったが、金銭感覚のない私はお構いなしだった。給料は安く拘束時間は長いが、食事と寝るところは付いているというのが、あの頃の調理師見習いの普通の待遇で、今考えるとつくづく当時の自分にぴったりの職業だったと感じる。

休憩後は店に戻って夜の仕込み。師匠が4時半頃に戻ると昼食のまかないがあり、5時から夜営業開始。午後10時で閉店となると、そこから片付けをして午後11時で勤務終了。それからがようやく自分の時間となり、毎日深夜まで遊んでいた。

丁稚としては比較的出世の早かった私は、粋がった生意気な板前へと成長していった。ある時、師匠が体調を崩し入院することになり、「ライちゃん、頼むで」と師匠から言われた私は、（わしが織田先生の留守を守るんじゃ！）と、俄然気負った。

当時、料理屋で料理長が急に出られなくなると、「部屋」と呼ばれた調理師組合から「助《すけ》」という職人が派遣されて来ることになっていた。師匠が入院し、割烹玉川の調理場は、助の料理長、私、同僚の見習い、下働きのおばちゃんという4人構成となった。そんなある日の午後、下働きのおばちゃんが、「仲居さんがさあ、『常連さんが、ここはおばちゃんのつける漬物が一番美味しいって、褒めてたよ』って言うのよ～」と嬉しそうに話した。その話を聞き、私は怒りで一杯となった。そして夜の開店後、注文を通してきた仲居に、錦の大皿に漬物ばかりをオードブルの様に盛り込み、「今日はお前が通した注文はこれしか出さんけえの。お客さんが一番おいしいというこれを食べてもらええや」と出したのだった。

困った仲居は半泣き状態でその場を下がり、しばらくするとオーナーが飛んできて、「ライちゃん、あんたの気持ちは分かるけえ。仲居には断りを言わせる。どうかこの場は料理を出してやってくれんかぁ」となだめられた。助の料理長も間に入ってくれ、その場はなんとか収まったのだった。

その後退院してきた師匠からは何のお咎めもなかった。この一件は『玉川漬物オードブル事件』として、小さな業界の中ではしばらく噂になったようだった。

なにくそエネルギーの覚醒

厳しい修業にも踏ん張り、本気で一人前の料理人を目指し、いずれは自分の店を持って独立する…。そんなことを夢見て頑張っていた私にとって、昼休憩のオリンピアでの時間は、砂漠の旅人にとってのオアシスのような安らぎだった。若い従業員の皆と仲良くなったが、その中でも秘かに気になる存在が、アルバイトで私より一つ年上のメグちゃんだった。メグちゃんは横浜生まれで、親戚が広島にいる縁で広島の大学に進学していた。明るく笑顔が素敵だが、都会の雰囲気と清楚さも持ち合わせていた彼女は、常連客の人気者だった。

私にとっても初めて知り合った関東の女性で、「へー、そうなんだあ。面白いね、ライちゃんは」と、関東のイントネーションで屈託なく笑うメグちゃんと話せることは、日々の小さな幸せになっていた。フラフラしていた頃の私であれば、興味のある女の子にはすぐに声をかけ、遊びに誘って…であったが、真面目に修業しはじめてからはそんな遊び方もしなくなっていた。

（いつか一人前になったら、デートに誘おうかの…。いやいや、ワシとは住む世界が違うよの）

そんなことを時々考えては、答えが出せずに過ごしていた。オリンピアに通いはじめて1年くらいが経った冬のこと。その日も私は、昼の営業が終わって休憩になると、自然とオリンピアに向かった。

その頃の私は玉川での仕事にもすっかり慣れ、下っ端からも抜け出せて少しマンネリ気味になっており、モチベーションの停滞する日々を送っていた。

カランコロンと音のするドアを開けると、慣れ親しんだ香ばしい香りがした。ひげ面のマスターに注文を通すと、スポーツ紙を手に取った。いつもなら笑顔で出迎えてくれるメグちゃんが出てこなかった。

いつも座るカウンターが見える窓側の席を探したが、この日はどうしたことか店内はほぼ満席で、やむなく棚でカウンターから隠れる一番奥の席に座った。

（メグちゃんおらんのか。まあしゃあないか…）

座って新聞を広げ、のんびり記事を読む。そのうちコーヒーが運ばれてきて、私はいつものようにミルクと砂糖を入れて、至福の一杯を味わった。

日頃の疲れもあってか、活字を読んだ催眠効果か、そのうち私は席でウトウトしてしまっていた。おそらく10分ぐらい経ったか。ふと私は、聞き慣れた声で目が覚めた。

「すいませーん。遅くなっちゃって」

紛れもなくメグちゃんの声だった。

（よかった。遅くなったけど、来たんじゃの）

私はその声が聴けただけでホッとしていた。

「ありゃメグちゃん。今日は遅くなったんだね。なんだいデート?」

常連の近所の金物屋の店主が、無遠慮にそんなことを聞いた。このオヤジは暇なのかしょっちゅう店に入り浸っており、噂話や下ネタが大好きだった。「男はつらいよ」に出てくるタコ社長によく似た、中年太りのハゲ頭で、私は心の中で「エロタコ」と呼んでいた。

(余計なこと聞くなエロタコ!メグちゃんが困るじゃろ!)

私の席からはちょうどエロタコもカウンター付近にいるメグちゃんも見えず、声だけが聞こえた。

「え〜違いますよ、もう。大学の補講が入ってしまって」

「本当かの〜。メグちゃんみたいな若い女子を、周りはほっとかんじゃろう?」

「いやいや、私なんて。それにバイトと勉強で忙しくて」

(そう!メグちゃんはお前と違って忙しいんじゃ!しつこいぞ、エロタコ)

私は腹を立てつつも、興味津々な会話の内容に引き込まれていった。

「そうかい、そうかい。でも若いうちは男女のことを学ぶのも大事なことでぇ」

「も〜、また〜。でもステキな出会いがあればいいとは思いますよね」

メグちゃんは笑いながら上手にエロタコの質問をかわしていた。私はドキドキしながらさらに耳をダンボにした。

「そうじゃろう。でもあれで。やっぱりこれからの男は将来性を見ないとの。この辺で出会う男はダメで。飲食の見習いとか、ボーイとかウエイターとか、皆、学がないけえの」

エロタコの言葉が胸に突き刺さる。でもそれ以上に、メグちゃんの反応がとてつもなく気になった。

「えーそうですかねえ。でも真面目に頑張ってる人も多いじゃないですか」

「真面目でも優しくても出世はせんわい。ほら、あのよく来る玉川の見習いがおるじゃないか」

「ああ、ライちゃんですか？」

「アレはたぶんメグちゃんに気があるで。わしには分かる。でもあがなんが一番ダメで！　あれは高校中退じゃけえの。メグちゃんまさかアレに惚れてないじゃろうの？」

「え〜、まさかあ。ライちゃんはただのお客さんですよ。それに大学行ってない人と付き合うとかは、ちょっと想像できないですねー」

　私はそっと立ち上がり、ふたりから見えないように気をつけながら、奥のトイレに入った。それからしばらくトイレで待って、モヤモヤを押し流す気持ちで水洗レバーを引き、静かにトイレを出た。

　レジに行くと、エロタコは週刊誌を読んでこちらには気づいていないようだった。メグちゃんも洗い物か何かで店の奥へ行ったのか、幸いそこにはおらず、私はヒゲのマスターに、「ごちそうさまです」と、コーヒー代を支払うと、来た道を逆に玉川に向かって歩きはじめた。

　正直ショックではあったが、むしろスッキリした気持ちもあった。確かにエロタコにはムカっときたし、メグちゃんへの想いも失望に変わってしまったが、それ以上の感情は湧かなかった。それよりも私が強く自覚したのは、無駄に日々を過ごしてきた自分への怒りや情けなさ、世間の常識や学歴に対する反発心や対抗心だった。

（やっちゃるで…。このままでは終わらんで。見とけよ！）

そんな気持ちがムクムクと湧き上がってくるのを感じながら、私は職場に戻った。

思えばガキ大将をしていた頃も、喧嘩や体力には自信が持てないため、発想力や企画力で皆の中心になろうと発奮するのが自分だった。それが中学から道を踏み外し、中途半端なことしかしなくなってからは、怒りを溜めることはあっても、それをエネルギーに変えて前に進むのではなく、いじけた態度で本気で取り組むことから逃げていた。大阪でヤスさんにしごかれた時も、そんな態度だから修業に身が入らずに終わってしまっていた。しかし何度かの失敗を繰り返し、さすがに最近少しは覚悟ができつつあったのだが、まだまだ足りなかったことを自覚した。

優れた人や普通の人は80％頑張れば、そこそこの結果が出るが、高校を中退し、フラフラして出遅れた私が人並みの結果を出すには、１００％、１２０％の頑張りが必要であり、ましてや他人様に威張れるほどの結果を出すには、１５０％以上の努力が必要だと思った。もちろんそれを継続することは簡単なことではないが、私には元々そんな不利な状況を「なにくそ！」と、パワーに変える根性があるではないか。

（そうじゃ！　わしはそういう時こそ燃えるタイプよ！　やったるで！）

それからの私はさらに真剣に板前修業に取り組むようになり、貪欲に知識や技術を習得していった。とにかく早く一人前になり、自分の店を持って商売することを目標に汗を流した。こうして、私の〝なにくそ根性〟〝なにくそエネルギー〟が本格始動しはじめたのだった。

それからも私は休憩時間にオリンピアに通った。メグちゃんはその後大学を卒業し、実家の近くに就職先を決めて横浜に帰っていった。

私は結局割烹玉川で2年ほど勤め、退職することになった。理由はいろいろあったが、ひとつは当時付き合いはじめたミツコという、友人の紹介で知り合った女性と結婚を考えるようになり、より条件の良い職場を求めたことが大きかった。だが店を辞めても師匠との関係が切れないのが、当時の板前の世界で、おかげで玉川で積んだキャリアは日本中で通用することとなり、それが私のような半端者でも、いっぱしの料理人になんとかなれた理由ではないかと思う。

料理人が一生の仕事となるか？

その後勤め先を何度か替わった。私は「早く自分で商売がしたい」と、効率よくポストを上げることや、給料など条件の良い所を選んで働いたが、織田先生とのつながりが切れることはなく、師弟であり続けた。

師匠とのつながりで思い出すのが、毎年正月の二日か三日に、えらい師匠連中が集まって花札会のようなものをやっていたことだ。当時業界では料理長のグループがあり、織田先生には仕入れ先の市場も一緒で、毎日顔を合わせる師匠仲間がたくさんいた。正月のその花札会には、毎年2、3人の弟子が呼ばれサービス係をするのが常だった。私も何度か呼ばれ、正月早々から気を使い、働かされるのにうんざりもしたが、師匠たちの機嫌がいいとお年玉をもらえることがあり、結構な臨時収入になって嬉しかった。

ここで私の師匠・織田忠のよくある1日を紹介しよう。おそらく当時の広島市内の料亭や割烹の料理長も、似たようなスケジュールであったと思う。

【午前7時】市場の魚が卸の魚屋につく頃に、魚屋で仕入れ。

【午前8時】料理長連中と集まり、お茶を飲んだり花札をしたりという朝の集会。その間仕入れた魚や野菜は、それぞれの店へ配達。店で私たち若い衆が受け取る。

【午前10時半】店に入りすぐ朝食。サンダルから高下駄に履き替えるのも弟子が準備。朝食が済むと仕込みの点検とその日のメインの魚をさばく。

【午前11時】献立と調理法などの仕込みを指示。丸椅子に座り、弟子が出したお茶を飲む。ここで店が開店。

【午後2時】昼営業が終わり、師匠は休憩で退店。どこに行くか分からないが、おそらく他の料理長仲間と花札・競輪・ビリヤードなど。

【午後4時前】帰店。すぐタオルをもって銭湯へ。4時過ぎに戻り即昼食。済むと予約と料理の確認。

【午後5時】夜営業はじまり。

【午後8時半】退店。弟子が時間に合わせてサンダルを出す。

退店後の行動は詳しく分からないが、おそらく飲みに行ったり、料理長連中とビリヤードや花札など。家に直行したとは思えなかった。

玉川時代には、弟子としては早く師匠がいなくなったほうが嬉しいため、同僚と一緒にセコい策をアレコレ練った。ある日、5分だけ時間を早め、午後8時25分に「先生、お疲れ様です！」とサンダルを出した。師匠は何も疑わず「おう。お疲れさん」と高下駄を脱ぎ、サンダルに履き替えて退店していった。翌日にはさらに5分早めて8時20分に「先生、お疲れ様です！」とサンダルを出したが、師匠はまたもすんなり履き替えて退店した。味を占めた私と同僚は、その後も少しずつ時間を早めてサンダルを出したが、さすがに8時10分で気づかれ、大目玉を食らった。

玉川退職後、いくつか職場を替わったが、ある日例の「漬物オードブル事件」で仲良くなった助の料理長から、「新しい店ができるので、そこにふたりで行かないか？」と誘われた。私は給料が上がるならと、簡単に応じた。そこは和食のレストランと喫茶店の複合店で、大きなビルの地下にあるお洒落な店だった。新しい上司となった助の料理長は、私を2番手として好きにさせてくれた。部下も数人でき、純和食の玉川と違って比較的自由な試みもできたこともあって私は調子に乗り、いっぱしの職人気取りで様々なメニューにも挑戦するなどしていた。

21歳になった頃、その上司と私に大きな銀行から、「宮島口にある保養施設を建て替えたので、そこの調理場を担当しないか」と打診があり、ふたりでそこに移ることにした。その決断が、後の私の人生に大きな影響を与えることとなった。

安定した生活から一転…すべてを失う

当時は玉川を辞めた時一緒になったミツコと、ささやかながら家庭を作って暮らしはじめたところだった。だが街中の狭い裏通りに住んでいるのが窮屈だったため、郊外の、それも日本三景の対岸の、広々とした新築の保養施設の敷地にある社員寮がとても魅力的で、そんな理由もあってそこに移ることを即決した。ミツコもこの転職に賛成し、保養施設の近くで仕事を見つけた。私たちふたりは新たな生活への期待に胸を膨らませながら、宮島口に転居した。

保養所の利用者がくれば、朝・夕食から、新入社員研修の昼食も作った。そのため日本料理の仕事だけでなく、洋食やカレー、うどんまで作ることになり、自分で工夫してレパートリーがどんどん増えた時期でもあった。

そこは会社の保養所であったが、研修所や接待所としても利用されており、週末には時々頭取夫人や広島財界のご婦人方が遊びに来るため、高級な和食の要望もあった。ただ繁忙期以外は利用者があまりおらず、自分たちの食事だけ作っていれば良い日もあり、仕事としてはかなり楽な方だった。しかも待遇は寮付き食事付きで、おまけに電気水道代まで会社の負担だったため、給料は少々安くても大満足だった。暇になると寝てばかりいても仕方がないからと、私は保養所の仕事が終わってから近くのドライブインにアルバイトに行くことにした。そこの調理場のチーフは洋食のコックで、夜中に作るまかないが毎日ステーキだったため、私は一気に体重が増えた。

家庭生活では、長男ジュンに続いて翌年には長女ユノが生まれたが、相変わらず私の遊び人気質は改善されず、休みの日には市内に出て、問題の相棒・従兄のキヨタカとつるんでバカ遊びをする生活だった。

また飲食業で店を持つのが目標だったため、通信教育で簿記3級の講座を受けた。高校中退で勉強もしばらくしていなかったこともあり、資格を取るところまではいかなかったが、起業後にその知識は大いに役に立った。そんな感じで保養所での生活は、基本的に充実した日々だった。仕事は忙しすぎず、家庭では子宝に恵まれ、遊びや勉強やアルバイトも楽しめていた。私の人生の中でも、3本の指に入るくらいストレスのない日々だったと思われる。しかし「好事魔多し」とはよく言ったもので、この安定した生活は突如終わりを告げることになる。

私と妻ミツコ、長男長女という家庭が崩壊したのだった。

原因はいろいろあるが、ひとつは私の親として、夫としての自覚の足らなさがあったというのは間違いない。私は子どもたちの遊び相手をするのは好きだったが、家事を手伝うことはなく、独身時代同様に仲間との遊びにお金を使い、借金までは作らなかったが、ギャンブルも好きで頻繁に競艇や競輪などにも行き、妻から不満を言われることがあった。

今思えば、もっと彼女のしんどさに寄り添い、支えるべきだったのだろう。私には仕事や仲間があったが、出産を機に妻は家から出ることも減り、孤独や不安を感じることも多かったのかもしれない。次第に私への束縛や叱責は強く、多くなり、私たちは衝突することが増え、私は益々妻との距離をとるという悪循環だった。

互いにまだ若く、それぞれの親族も身近にはいなくて頼れないこともあり、一度未熟な夫婦の歯車が狂いはじめると、壊れていくのは早かった。何度か話し合いもしたが、互いの溝は埋まらず、最後に離婚を決断したのは私だった。しかし子どもを手放すことは考えられず、ミツコとその実家とも話をつけ、幸運にもなんとか子どもらは私が引き取ることとなった。

だが離婚のドタバタから、職場も辞めることとなり、当然社員寮も引き払わなければならず、仕事と住居とパートナーを一度に失うこととなった。そのショックはとても大きかったが、子どもふたりを路頭に迷わすわけにはいかないという意地だけが、何とか私を首の皮一枚でつなげているような状況だった。

宮島口の保養所を去る日。私は従弟で大学生のタツヒロに引っ越しを手伝ってもらった。タツヒロは例の「やいと執行人」の叔母の息子で、私より七歳下だったが、小さい時は一緒に住んでいた時期もあり、兄弟のような間柄で、気兼ねなく話せる仲だった。ふたりで荷物をまとめていると、寮の管理人さんが最後の挨拶に来てくれ、「岡崎さん。この度はまあいろいろと大変ですねえ…」と声をかけてくれた。私は「いやあそうですね。やっぱり引っ越しには、女房がいないと何かと大変ですね。ガッハッハ」と、自分の現状を笑い飛ばすように返したのだった。私はタツヒロに、「こういうしんどい時にこそあえて言うのが、本当のジョークよの！」と、ヤケクソ半分意地半分で話したが、タツヒロからは「…アンタらしいのう。管理人あきれて帰ってしもうたで」と冷ややかに笑われたのだった。案の定この日私は腹を下し、何度もトイレへ行くこととなった。

離婚と退職のどん底の中、私に小さな希望の光を与えてくれた女性がいた。

それがタミコだった。タミコは同じ保養所で仲居をしていた同僚で、良き仕事仲間だった。ミツコとの離婚後、タミコは子どもたちを抱えて茫然自失となっている私の相談相手となってくれ、心の支えとなってくれた。次第に私とタミコは惹かれ合うようになり、私たちは結婚を考えるようになった。

しかし、当然のことだが彼女の実家からは大反対を受けた。タミコは21歳で初婚。私は25歳のバツイチで、1歳と0歳の赤ん坊を抱え、職も家も失った料理人である。この条件で祝福してくださいという方がどうかしているだろう。私の実家からもあまりいい顔はされなかった。

そのため私は一旦タツヒロの母である、私の叔母の家に子どもらと共に身を寄せ、昼間は子守を叔母夫婦に頼んで、自分はアルバイトへ行って生活費を稼いだ。私はなんとかタミコの実家に結婚を認めてもらおうと、あの手この手で説得を試みたが、許してもらうことはできなかった。

それでも私たちの決意は固く、最終的にタミコは逃げるようにして私のいる熊野へと移ってきた。半ば駆け落ち状態であった。

2023年6月

家族の章　その2

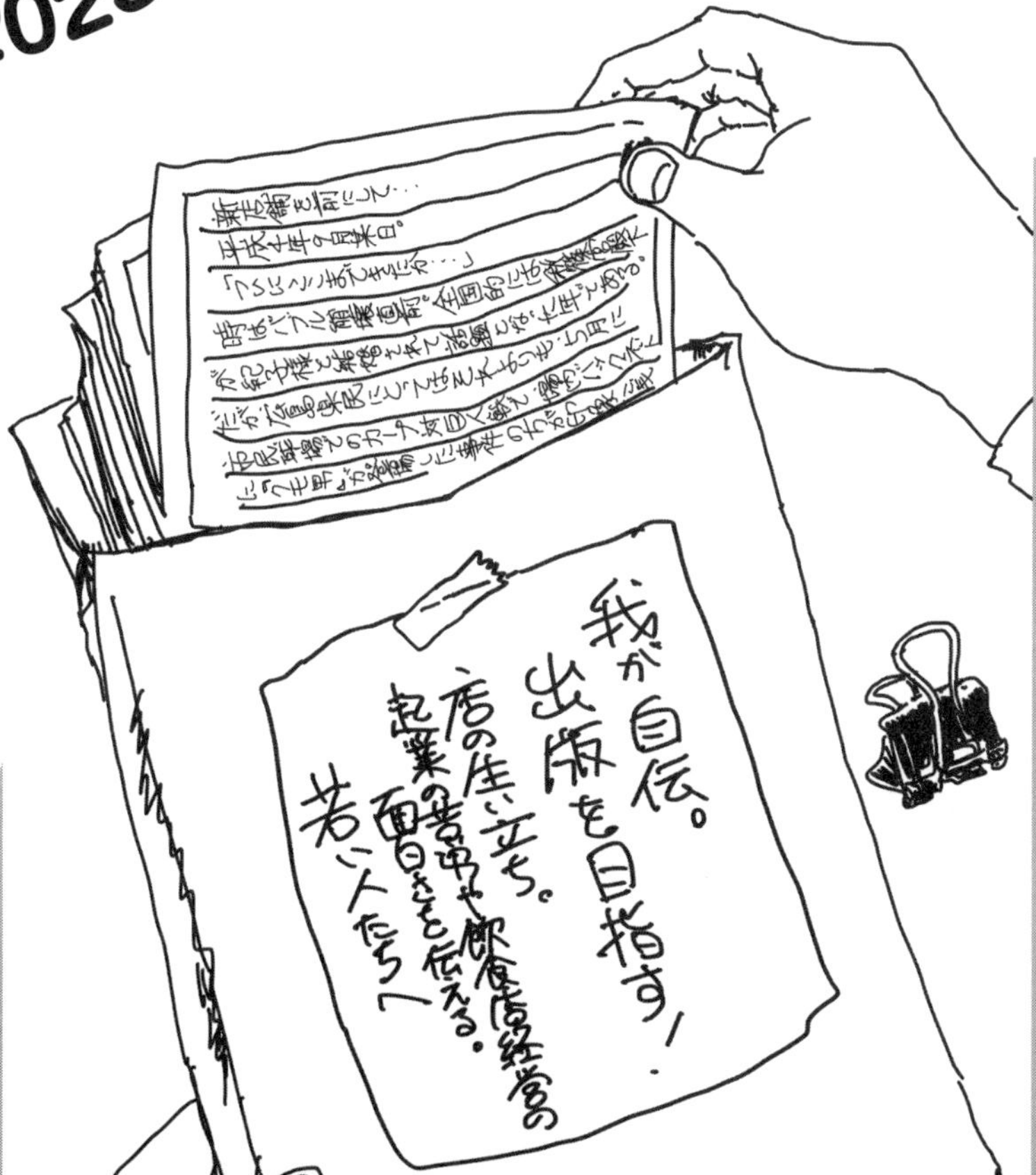

「う～ん…」

その日、僕は家でパソコンに向かっていた。時間はすでに深夜。家族はみな眠って、リビングには僕ひとりだった。思わず出た唸り声。それは「やるな」という感嘆でもあり、「無茶苦茶やな」というあきれも含んでいる気がするし、「悔しいけどちょっとオモロイなぁ」という嫉妬もあったかもしれない。とにかくどんな感情か判然としない、複雑な僕の気持ちがその「う～ん」には詰まっていた。

唸り声の原因は、5月のGW明けに父が入院している病院で見つけた、父が自らの半生を執筆した自伝原稿だった。僕が父の病院を訪れた際、偶然発見したもので、印刷していたA4用紙の束と同じ内容が、父が病院に持ち込んでいたパソコンからも見つかった。僕は父のパソコンから原稿データをUSBメモリに移し、自宅に持ち帰った。すぐにでも読もうと思っていたが、ここ最近とにかく仕事が忙しく、僕にはなかなかその余裕がなかった。

ようやく時間ができた6月初旬の土曜。僕は何もする気が起きなくて、溜まったドラマを観たり、昼寝をしたりとボーッと過ごしていたが、夕食後にふと、原稿の存在を思い出し、あわててパソコンを開いた。そこからはもうほとんどノンストップでどっぷり入り込み、気がつくとて深夜になっていた。

父の原稿には、戦後すぐの子ども時代から青年期、板前修業時代や、独立してからのことまで、昭和の中小企業のおっさんを取り巻く、波瀾万丈でたくましく豊かな世界が描かれていた。僕は思いのほかその内容に引き込まれ、不覚にも面白いと感じてしまった。もちろん身内びいきもあるかもしれないが、むしろ読む前は、（どうせ自慢話が満載なんだろうな…）と冷ややかな眼で見ていた。だが読んでみると、この原稿はそれだけではなかった。父が普段見せない赤裸々な弱さや葛藤。失敗しても立ち上がろうとする意志と挑戦。そんな深いドラマが感じられ、この原稿が父の大切なメッセージのような、特別な価値を持つものに感じられた。

僕は５人家族の末っ子で、豊かではなかったが、ひどく困窮することもなく、比較的恵まれた環境の下、ずっとかわいがられて育った。物心ついた頃には、父母は飲食店を営んでおり、夜遅くまで家におらず、日曜日も働いているのが当たり前だった。家族そろって夕食をとることなんて滅多になく、僕らきょうだいは近所の喫茶店から出前を取って食べたりしていた。特に父は日々動き回っており、運動会を除く学校行事に来た記憶はないし、遊んでもらった思い出もほとんどない。寂しく感じたこともあったが、親とはそういうもので、これが普通と思って生活していた。

しかし店を持つ前の父母のことや、兄や姉の出生のこと、両親に結婚式の写真も、新婚旅行のエピソードも無い理由は、子どもの頃の僕が知る由もなかった。僕たちはどこにでもいそうな田舎のきょうだいとして育った。

六つ離れた兄のジュンは僕にとって、ちょっと近寄りがたいけど最も身近な憧れの存在だった。流行の「夕やけニャンニャン」も、ボン・ジョヴィやマイケル・ジャクソンなどの洋楽も、全部兄から教わった。兄は怖がる僕に「スリラー」のＰＶを見せ、「止めてよ〜！」と泣きながらも、指の隙間から画像を見てしまう僕を見て笑っていた。

五つ違いの姉ユノは最も僕の遊び相手をしてくれ、その分最も喧嘩をする相手であった。冷蔵庫のプリンを勝手に食べただの、姉の試験中に友達を呼んで大騒ぎしたなど、紛争のタネはつきなかった。でも父母がいない家で権力をふるう兄に対抗する同志でもあり、僕と姉は連帯して兄とのチャンネル争いをしていた。大抵は勝てなかったけど。

そんな自営業の家庭で育った僕の、忘れもしない19歳の春のこと。

珍しく家族5人が自宅のリビングに揃っていた夜だった。なんとなく話の流れで、母の年齢の話題になった。僕が「母さんが兄ちゃんを産んだのは何歳の時だっけ？」と何の気なく聞くと、「はあ～？」と、家族全員がしらけた視線を向けてきた。

母が不思議そうに「え？ あんた本気で言っとるん？ 小学校高学年くらいの時に、お母さん言ったよ。ほら、『うちはこういう事情でね…』って話したら、あんた『分かっとるよ母さん。僕だって気づいとったよ』って言ったじゃない」

「……あーっ！」

そこまで言われ、僕はやっと思い出した。確かに小学5、6年生の頃、母の運転する車に乗っていた時だった。ふいに母が真顔になり、兄と姉が、母が産んだ子ではないことを語りはじめたのだ。そしてそのことは、兄も姉もすでに知っており、知らなかったのは僕だけだということだった。急に8年ほど前の記憶が鮮明に甦り、僕がその場で「分かってたよ母さん」的な発言をしたことや、話した場面の映像まで、一気に現実の出来事として思い出された。

「…思い出したわ。」

「えぇ? 忘れとったん? ちょっとしっかりしてよー」「頼むで、お前」

家族からはそんなふうに驚き、あきれられ、僕は僕で、自分に起きたことにびっくりする体験だった。

人は受け入れがたい状況や、それによる不安を軽減しようとする時、「防衛機制」といって無意識的な心の動きをすることがあるという。その防衛機制の中に、受け入れたくない事実や感情を一時的に忘れたり、無かったことにしてしまう「抑圧」という現象があるらしい。僕のこの記憶忘れはまさしくそんな現象だろう。当時の僕にとって、母が語った事実は受け入れがたいほどの衝撃があったのだ。

(そうだったなあ…)

父の自伝を読みながら、僕はそんなことを思い出していた。

僕が4歳の頃に半年間家族の下を離れた経緯もふくめ、僕らはちょっとワケありな家族で、一般的でないところも多少あるかもしれない。だが基本的に僕の家族は、時に喧嘩もすれば、困った時には助け合ったりもする、どこにでもいるようなありふれた家族だと思う。でも、だからこそ、そんなありふれた家族の物語には、誰もが共感できるドラマがあるのではないか。次第に僕はそんな気持ちになり、もしまだ父にその意欲があるなら、僕にも何か力になれることがあるのでは？　いや、きっと父なら今でもヤル気だろうし、目標を持って最後まで前進することが、父にとって最もらしい生き方であり、最高のリハビリになるのではないか…。そんなふうに考えるようになっていった。僕の中で1つの答えが出ようとしていた。

「う～ん…よしっ！」

僕はもう一度唸り声をあげ、あることを決意してその日は眠りについた。

翌日。日曜日に僕は父の病院を訪ねた。

「父さん、自伝読んだよ。面白かった」

父の顔に近づいて大きめの声でそう告げると、父は病で動かしにくくなった表情を少しだけ緩め、うんうんと2度頷いた。

「でさ、あれ『出版を目指す』ってメモがあったけど、本気？　ただ印刷して製本するだけじゃなくて、出版して売り出したいってこと？」

僕がそう伝えると、父は頷きながら、右手で書くジェスチャーをして筆談を求めた。

僕はすぐそばにあったホワイトボードとマーカーを出し、マーカーのフタを取って父の右手に持たせ、ホワイトボードを父が書けるように、父の胸の下あたりの位置に垂直に置いて両手で支えた。父は寝た状態のままで目線をホワイトボードに向けながら、器用にマーカーでこう書いた。

「出版してくれ。あのままでええ。本屋で売る」

その時の父の目は、元気だった頃、何かひとりで企んでいる時の、その後大抵周囲を振り回す時の、アノ目と全く同じ光り方をしていた。

「…分かったよ。じゃあ見つかるかどうか分からんけど、やってくれそうな出版社を探してみるよ。やれるところまでやってみるけえ！」

僕がそう言うと、父は何度も頷いて握手を求めてきた。

僕は父の手を握り返した。

「がんばるでえ、父さん！ せやからまだまだ、元気でおらんとあかんで！」

こうして、僕と父の自伝出版プロジェクトがあゆみをはじめたのだった。

独立開業物語

本人の章　その3

謎の錬金術と創業

ミツコとの離婚協議。ミツコの実家との話し合い。タミコの実家への説得。自分の親族への説明。逃げるような結婚と、子どもたちのこと——。

すべて自業自得でしかないが、そんなことに駆けずり回った期間は、ならず者の私にとっても相当の試練だったようで、ドライブインのアルバイトで増えた体重が、あっという間に10キロ以上落ちた。食欲も出ず、お腹を下す日も多く、ストレスの多い日々だった。ただそうした苦い経験をすることで、ようやく性根が入ったというか、家庭や仕事に向き合う真剣味が増したようにも思う。

離婚にまつわる騒動から数カ月後。熊野に戻り、何とか新しい妻子との生活を手に入れ、仕事はとりあえずマサフミ兄いの造園業の手伝いに決まった。貯金も見通しも無く、まさに何も無い状況からのスタートとなった。

それでも子どもを飢えさせるわけにはいかないと、マサフミ兄いのところで従業員をしていた叔父と従兄弟を送り迎えする代わりに、叔父宅で飼っていた農耕用の牛の乳を毎日分けてもらって、それを子どもに飲ませるなどして生活していた。マサフミ兄いの会社で必死に働きながらも、なんとか料理の道で食べていけないものかと考えていたが、その数カ月後、ミキカツ兄いの嫁の親戚からふいに連絡があった。

「やあライゾウ君。熊野に戻っとるんだってねえ」

「はあ。まあいろいろありまして…」

「いや、実は今度熊野団地に貸店舗を建てようかと思ってね。もしよかったら、そこで店をやらんかい？」

夢のような話で、すぐにでも飛びつきたくなったが、まったくの一文無しだった私は決断できず、いつものようにマサフミ兄いに相談した。少しは面倒見てくれるのではないかとの甘い期待もあった。私が貸店舗で自分の店を出したいが、貯金も無くどうしていいか分からないことを相談すると、マサフミ兄いは自分が貸すとはひと言も言わず、

「商売は金が無いからするんよ。借金してやればええ」「金の作り方はワシが教えてやるけえ。任せえ」

と言い、錬金術を教えてくれることとなった。

指定された日に必要なものを持って約束の銀行で待っていると、マサフミ兄いが現れた。

「通帳は持ってきたけど、ほとんど入ってないんよ…。こんなんで銀行が金を貸してくれるんか?」

私が心配になってそう言うと、マサフミ兄いは、「まあ見ちょれや」と右手でアゴをさすりながら言い、2百万円の札束をカバンから出した。マサフミ兄いはそのお金を私の口座に入金。すると当然だが、岡崎ライゾウという通帳に2百万円という数字が入った。次にその銀行で借入申込書に4百万円の借り入れを申し込んで実行。するとと2百万+4百万で、6百万円が通帳に記載された。後日、マサフミ兄いは2百万円を回収。すると、私の通帳には4百万円という数字が残ったのだった。

「どうじゃ。上手くいったろうが。ガハハハ」

これが当時の正式な貸し出し制度だったのかは定かではないが、マサフミ兄いはしてやったという顔だった。

次に国民公庫創業支援制度として、自己資金の50%を融資するというものがあった。これを申し込んで、2百万＋4百万＝6百万円という、それまで見たこともないお金が通帳に記載された。初めての高額な借金に、私は高揚感と恐怖心が同じくらい高まって震えた。

（6百万円か…。これでワシの店ができる！…でも、もし失敗したら…）

いつものごとくお腹がゴロゴロといい出した私に、マサフミ兄いは平然と「これが笑って払えないようなら、ワシの手伝いでもすりゃあええわ。ハハハ」と、再び右手でアゴをさすりながら言い放った。私は（もう走り出したんじゃけえ、覚悟を決めるしかないわ！）と自分に言い聞かせ、その後ひとまずトイレに走ったのだった。

当時26歳。私は真っ暗なトンネルから、ようやく少し明るいところに出たような気分だった。6百万円の開店資金を元手に、店の内装工事をし、必要な物品を揃えた。タミコも子どもたちの育児をしながら手伝ってくれ、ふたりで無我夢中で開店準備をした。

そして昭和47年の夏。ついに我が店「おか半」がオープンした。

熊野団地内のバスも通るメイン通りは、町内で最も大きなバスターミナルである「広電熊野営業所」から呉方面に向け、なだらかな右カーブを描きながらゆるやかに上り、その後下り坂の直線に至る。その辺りが「熊野団地商店街」の中心エリアで、私の店は下り坂に入って１００ｍも行かない好立地に建っており、周囲には喫茶店や家具屋など、少しずつ商店が増えはじめていた頃だった。こうして私は席数20に満たない借金だらけの小さな店ではあったが、創業という目標を達成した瞬間を迎えた。

店の名前はいろいろ迷ったが、自分の名前から「おか」を取り、当時有名な料亭や割烹に「○○半」という名前があったことにあやかって「おか半」とした。田舎の店だが、プライドだけは高くカッコつけの私が、都会の高級店に負けたくない思いから付けた名前だった。

最初の応援団

開店祝いを誰よりも早くくれた地元の不動産会社の山川社長は、最も初期のおか半の常連客のひとりで、度々うちの店を使ってくれていた。

ある夜、珍しく閉店時間過ぎに山川社長がひとりで来店した。

「おう。すまんな遅くに。まだええか？」

「こりゃあ、社長！ええですけど、どうかされたんですか？」

いつも笑顔で朗らかな社長が、この日はちょっと険しい表情をしているのが気になった。

「ライゾウ君らも、若いのにようがんばっちょるのう。ワシはいっつもふたりを見て『こんな若いもんががんばっとるんじゃから、ワシもやらんといけんで！』って、励まされとるんで」

「いやいやそんな。それもこれも社長みたいに応援してくれるお客さんのおかげですけえ」

「そういう姿勢が大事よ。それでの…ワシもそれで決心したんじゃ…。ワシは県議会議員に立候補することにしたで！」

「ええ!? 県議会議員ですか！」

以前から社長は地域への思いが強く、酒を飲んではこれからの広島県や熊野町のことを熱く語ることがあった。だがさすがに県議会議員になろうとまで考えているとは思わず、私はその志の高さやチャレンジ精神に感銘を受けたのだった。そして私たちは進む道は違えど師弟のような関係となり、その後頻繁に交流するようになった。

次の県議会議員選挙で山川社長は見事当選し、目標を達成。その後選挙のたびに私も全力で応援した。山川県議とは長い付き合いとなり、うちの店も機会があるごとに利用してくれた。次男が生まれた際には名付け親にもなってくれ、私のピンチには手を差し伸べてくれたり、私にとってはまさに兄貴分のような存在となった。こういう不思議な縁も、借金してでも独立開業という道を選んだからこそ与えられたものと言えばその通りで、やはり神様というのはどこかで見ているのかもしれないな、と思ったりもしたのだった。

ちょうどその頃私の友人たちも、紆余曲折がありながら独り立ちしはじめた頃だった。私とともに高校の悪ガキ３人組で、私と前後して退学した友人ふたりも10年経って飲食業をしており、ある年末に３人で相談して、共同でおせち料理を売ろうということになった。12月29日の仕事終わりに広島駅ビルのサウナに集まり、そこから徹夜で仕入れ。翌朝３人で私の店に戻って仕込み開始。31日早朝から盛り付けし、午後やっとでき上がって、配達は半分居眠りしながらも、手分けしてなんとかやりとげた。

私とタミコは配達が終わり、子どもたちの面倒もそこそこに倒れるように眠りにつき、翌日昼前に子どもの泣き声で目覚めた。食事をさせていないことに気づいたが作る元気は無く、叔母の家に連れていって子守と食事を頼んだ。それからふたりで休む間もなく、正月二日には山川県議宅の来客数百人分の出前の仕込みにかかるという感じで、五日間で10時間眠ったかどうかという仕事漬けの年末年始であった。ただ、さすがにこんな仕事の仕方には無理があり、結局この年限りとなった。

若い頃はとにかく受けられる仕事はすべて受けていた。忙しすぎると体もバテてしまい、休日にはヘトヘトになり、働き方を見直す必要があったが、注文を断るというのが生まれついての貧乏暮らしの怖さから、なかなかできなかった。

人との関係も同じで、他人様に認められるということのない荒れた生活をしてきたため、評価をしてもらえると頼まれ事を断れないという性分だった。山川県議との関係も、周りからは、「飲食店が政治に首を突っ込むものじゃないで」「敵を作って商売のマイナスになるで」と散々諭されたが、反骨精神だけがエネルギーの私は、「世の中はほとんど敵みたいなもんじゃ。わしの男気を評価してくれる人は、心強い味方よ」と一向に意に介さず、選挙の時は決起大会を仕切ったり、出陣式の司会をしたりと、周囲が反対すればするほどやっていた。

しかしこのことは相手陣営の幹部にも「こいつやるの」と評価され、選挙が済んだ後には、相手方にも贔屓にしてもらえるようになり、おか半の岡崎という名前が地域に浸透していくようになった面もあるように思う。

そうやって不器用ながらもなんとか小さな店を切り盛りできていたが、創業から4年後、30歳くらいの頃だった。

生涯何番目かのアクシデントに襲われることになった。

悪夢の連帯保証債務

ある日突然、筆の製造をしていた母方叔父の会社が倒産した。叔父からは銀行借り入れ時に保証人を頼まれていた。当時銀行での借り入れ時には、2名の保証人が要るというのが普通で、頼んだり頼まれたりを親戚の間で比較的軽い気持ちでやっていた。

叔父から倒産の第一報を受けた時には、一瞬「えっ?」となったものの、

(まあ連帯債務いうても、銀行もしがない料理屋の店主からそんなに回収できるとも思ってないじゃろ)

と、安易に考えていた。

数カ月後。昼の営業後に新聞を読みながら休んでいると、店の戸を叩く音がした。

「はーい。まだ準備中なんですが…」

そう言って私が出ると「すみません。食事ではなくてちょっと岡崎ライゾウさんに用件がありまして…」と、例の叔父が借りている銀行の行員が訪ねてきた。これがドラマのように、高飛車で感じの悪い銀行マンなら、私も強い態度で追い出せたが、相手は非常に紳士的で低姿勢で、受け入れるほかなかった。

「お休み中にすみません」

銀行マンはどこまでも感じがよく、物腰やわらかだったが、私としてはそれが余計に恐ろしかった。しばしの雑談の後、銀行マンはちょっと改まり、少し事務的な感じ

でこう言った。

「厳しいことをお伝えすることになりますが、岡崎さんの保証総額は６千万円ほどになります」

目の前が真っ暗になった。

（６千万。６千万…）

頭の中で数字がグルグル回った。必死に冷静さを保とうとし、表情を作った。当時金利はおよそ８〜10％という時代。計算すると、年に５百万円程度の利子が発生する。私の年収が５百万円もなかったため、利子すら払えない。まして元金など一生払えないと思考停止し（もう終わりじゃ…。どうにもならん）と、絶望的な気持ちになった。

「分かりましたけえ。今日の所は一旦お引き取りください」

なんとか最後の理性を振り絞ってそれだけ伝えると、銀行マンは「分かりました。支払いについては当行でも今後ご相談に乗りますので…」と変わらぬ丁寧さで述べ、粗品のタオルを置いて帰って行った。

（世界一高いタオルじゃのお…）

こんな時でも自虐ジョークが出る自分に感心するやら、あきれるやら。笑うしかないとは、このことだった。行き場のない怒りを叔父にぶつけたくもなったが、怒ったところでお金が出てくるわけでもない。仕方なくタミコにも6千万円の債務のことを伝えると、さすがに堪えたようで絶句し、数日間暗い顔であった。そんな両親の気持ちを察してか、いつも賑やかな子どもたちも元気がなくなり、しばらく我が家は沈んだ空気となった。しかし、少し経つと私は逆に開き直る気持ちも出てきた。逆境になればなるほど、現実に逆らいたくなるというか、「それがどしたんじゃい！」と、半ばヤケクソ気味に反発力が湧いてくる例の〝なにくそエネルギー〟が発動したのだ。（払えないものはしょうがない。払わんで！）と、気持ちを切り替え、払わずに乗り切る方向で前に進むこととした。

その頃から私は、なるべく銀行を使わず現金で決済するようになった。口座にお金があるととられそうな不安があり、自ら身に着けることにして、いつもサイフに2百万円以上の現金を入れて生活していた。おかげでサイフはいつも10㎝以上の厚みがあってパンパンで、サイフはもとより、サイフを入れるズボンの後ろポケットも、すぐに穴が開いて破れてしまう始末だった。子どもたちは私がサイフに現金をいつもパンパンにしているため「うちって金持ちなん？」と聞いてくることもあった。私は答えに困ったが、まさか借金6千万円とは言えず、「そうよ。店は大繁盛じゃけえ！ワッハッハ！」と、冷や汗をかきながら笑っていたが、子どもたちは（でも家の中はドラマで見る金持ちの家とは随分違うなあ…）と、信じていないらしかった。

この保証債務6千万円問題は、10年以上先になるまで解決されず、常に私の頭から離れず、悩みの種であり続けた。

商店街を盛り上げろ！

熊野町にも大型のスーパーマーケットができることになり、その反対運動から熊野団地商店街では、商店街組合を作ることになった。常にひと言多い私には、自然と幹部のような役割が回ってきた。また、頼まれると断れない性格のため、町の商工会でもあてにされるようになり、休みの日には研修会や講演会に誘われた。「何事も全力投球」という気質の私は、商店街や商工会の活動にも力を入れるようになり、仕事以外の用事で出かけることが増えていった。

店を空けることにタミコから「いっつも大事な時に店におらんけえ困る！」と怒られることも多く、私は「すまん、すまん。すぐ帰るけえ。これも商売につながるんじゃけえ」となるべく穏便にいこうと試みるのだが、元来じっとできない人間で、「すぐ」と言いながら何時間も帰らなかったり、付き合いで飲みにも頻繁に出たりしたため、「いい加減にして！」と、カミナリを落とされることもあった。

しかし活動の中で商売の知識や人脈を得ることも多く、タミコの目を盗んでは積極的に参加していた。

ある日、いつものように商工会の指導担当職員から、「今度ある講演会に行って来てや」と頼まれた。ちょうど仕事が忙しい時期で、正直気が進まなかったが、たまたまその日が店休日だったこともあり、引き受けることにした。

そんな軽い気持ちで行った講演会が、後の我が町の商店街を大きく変えるきっかけになるとは、この時は思ってもみなかった。講演会の講師は地域スタンプで成功し、有名になった商店街の専務理事だった。時はバブルのはじまり。全国展開のスーパーなど大型店が地方に進出する時代となり、それに対抗するため、商店街が地域独自のサービスをはじめることが国の施策としても進められていた。それまで主流であったブルーチップやグリーンスタンプなど、大手が運営する「会社スタンプ」から、地域の商店街が「共同事業」として発行し、回収もイベントも独自で行う「地域スタンプ」へと、変化の波が来ていた。

講演会でその専務理事は、共同事業で得られる商店街のメリットや、地域スタンプの魅力的なシステムの話を活き活きと語った。その内容はとても素晴らしく、（この事業しかうちの商店街が生き残る道はない！）と、確信させるものだった。

セミナーの次の日、商店街の集まりで、講演のことを興奮状態で皆に話した。

「うちの商店街でも地域スタンプをやろう！このままじゃ大型店に押されて、いつかジリ貧になりますで！」

当時私たちの商店街の名前は「熊野団地商店街」といい、同世代の店主がほとんどで仲も良く、話が早くて行動力もあるのが自慢だった。会長を務める紺田さんの営む、花屋「こんだ花壇」は、商店街のほぼ中央である交番前のT字路のそばで、品揃えが豊富でオシャレな雑貨も置いてあり、町外にまでファンがいた。紺田さんはうちの店の常連でもあり、一見物静かな昭和の良きお父さんのような顔立ちで、物腰も柔らかいが、芯は一本通っており、納得できないことには断固NOと言える強さも兼ね備えていた。おか半のすぐそばの「総菜きたむら屋」は、脱サラした北村さんがはじめた店で、総菜や柏餅が美味しく、うちの店でご飯が足りなくなるとよく借りに行く仲だった。元バイク屋に勤めていた門谷さんの「おもちゃランドもんたに」は駄菓子も置いてあり、地域の子どもの溜まり場で、うちの子どもらもよく通っていた。隣では奥さんが「ヒバリ美容室」という美容室もしていた。「誠堂薬局」は薬の他化粧品や日用品も扱っており、細身で背の高い店主の高木さんとはウマが合い、よく喫茶店でモーニングを食べてはカープ談義に花を咲かす仲だった。3兄弟で八百屋・魚屋・肉屋をやっている「マルダイ商店」、雑誌から漫画・ビジネス書も揃う「熊野団地書店」、町の電気屋「サンキ電気」、実家が私と近所の五反田君が営む「五反田インテリア」など、田舎の町の小さな商店街だったが、生活に必要なものはひと通り揃う場所だった。

だがダイエーやイズミなどの大型スーパーが全国各地に展開し、熊野にも地元の電鉄会社がショッピングセンターを作るようになると、私たち中小の自営業者は危機感を抱くようになっていった。そこにこの共同事業での地域スタンプの話を私が紹介したことから、みなが興味を持ち、本格的に話を聞くため、先進地の視察に行こうと話がまとまり、数カ月後に島根県出雲市の『ご縁スタンプ』の商店街に行くこととなった。現地へ赴くと、まずは商店街組合の事務所に案内され、組合幹部から、スタンプをはじめてどのように地域がまとまったか、お客さんが商店街への関心を高め、いかに町が活性化したかを聞かせてもらった。

地域スタンプは、まず加盟する商店街のお店が集まって「組合」を作るところからはじまる。その組合が発行するスタンプシールを、1枚1円で加盟店が買い取る。そして加盟店は、お客さんが買物した際に、代金百円につき1枚スタンプシールを配布する（例えば3千円買物すれば、30枚スタンプシールを渡す）。もらったお客さんはそれを台紙に貼ってためていき、いっぱいになると、加盟店での買物で金券として利用できる。利用された加盟店はその台紙を組合に持っていくことで、現金化してもらえる（正確には、組合が契約した金融機関の口座に振り込まれる）、という仕組みである。

「お客さんは地域の商店街で買物すればするほど、金券として還元されます」「例えば行きつけの店がある商店街で、『ついでに隣の店でアレも買うか』という行動につながりやすくなる」「組合を作って地域一体でやることで、割引セールやイベントなど、大きな動きができます！」

ご縁スタンプ商店街組合の幹部が語ってくれたその内容は、とても具体的で実感がこもっており、私たちはぐんぐん引き込まれていった。加盟店にはスタンプシール購入という負担はあるが、少ない投資で地域全体での販売促進ができ、仮に金券が自分の店でたくさん利用されても、組合が必ず換金してくれる安心感もある。商店街全体で集客することで繁盛店が増え、その結果地域が活気づけば、さらにお客さんが集まってきたり、新たな出店も期待できるかもしれないと、私は胸が高鳴った。

その後私たちは実際に「ご縁スタンプ加盟店」と鮮やかにデザインされたのぼりが並ぶ商店街を歩いて回った。そこで地域でスタンプが定着し、お客さんが楽しんで集めている様子や、新規の顧客獲得につながっているといった話を各店主から聞くことができたのだった。私も含め、視察に行ったメンバーは皆、興奮と感動でやる気スイッチが完全ＯＮとなった。仲が良かった薬局の高木さんは、「こりゃあうちらも負けとられんで。ライゾウさん！」と目を輝かせ、いつもは優しい口調の五反田君も、「いっちょうやりましょうで！」と熱く語っていた。

皆大盛り上がりで帰路につき、次の会議で報告した。報告者の熱意を感じながらも、一時の感情に流されない慎重さも持ち合わせる花屋の紺田さんは、最後まで静かに報告を聞いていた。会議では賛成意見が多数を占めたが、もちろん初めてチャレンジすることに心配の声も出た。質問や意見が出尽くした最終盤。紺田さんは静かに立ち上がり話しはじめた。

「みなさんの意見はよく分かりました。確かに地域スタンプ事業は魅力的だ。しかし、それぞれの店の負担もあるし、失敗したらどうするのか？という声が出るのも当然です。でもこのままでいいとは誰も思っていないはず。そもそも私らはこの新興団地に新しく商売をしようとやってきた者同士。皆最初はチャレンジャーでしょ。そういうわしらなら、一緒に新しい挑戦ができるんじゃないでしょうか？」

会長のこの言葉で皆腹を括ることができ、会議では全会一致で地域スタンプ事業にGOサインが出た。するとすぐ紺田さんから、

「ライゾウさん。そういうことで、事業部長はあなたしかいないよ」

と言い出しっぺの私が指名された。

私は断ろうとしたが、高木さんから、

「何を言うとんね。ライゾウさんしかおらんじゃろ！」

と言われ、他のメンバーからも押されて、事業部長を受けることになってしまった。

私は一瞬タミコにツノが生える絵を想像したが、（これも商店街のため、熊野のため。ひいてはうちの店のためになることよ！ 分かってくれるじゃろ！）と、気持ちを切り替え、腹を括ったのだった。

地域スタンプを作る！

当時全国で商店街活動が盛んになり、各地でいろいろな事業が展開されていた。通産省の商店街活性化予算も豊富にあり、助成金や補助金がたくさん出ていた時代だった。早速新しい事業にこれを使おうと私は考え、商工会や役場の知人を頼って情報を集めた。調べてみると大抵の商工会や商店街では、申請から実施まで専門のコンサルタントに任せて会議だけを地元で行い、事業を進めていくようなケースが主流となっていた。しかしそのコストを聞いてみると、補助金の大半をコンサルタントが持っていく感じで、それでは地域にお金が落ちないと私は思い、申請手続きや事業の企画を自分たちでやることにした。だが言ってはみたものの、経験のない我々にとってそれは簡単なことではない。そこで、強力な味方である山川県議に相談した。

「先生、商店街で地域スタンプをやりたいんですよ。それで県の助成金を申請したいんですが、ワシらよう分からんもんばっかりですけえ…」

「分かった。商店街の活性化はワシも大賛成よ。適任者を紹介しちゃるけえ、相談に行ってみんさい」と、県庁の担当課長を紹介してもらうことができ、薬局の高木さんと話を聞かせてもらいに行った。対応してくれた広田課長は、これまで私が役所に持っていた事務的でお堅いイメージとは違ってとても物腰柔らかく、丁寧に制度について説明してくれた。しかし役所の難しい用語を理解するのに時間がかかる私は、「じゃあ、○○と××の書類を揃えたらええんですかね？」「期限はいつまでですか？」「書き間違えたらどうすりゃいいんですかね？」と、一から十まで聞きながらメモをとり、気がつけば2時間以上が経過していた。

広田課長はずっと笑顔で付き合ってくれたが、さすがにラチが明かないと思ったのか、

「…分かりました岡崎さん。ではこうしましょう。ここまでは私の方で下書きをしておきます。ですので、後は商店街さんの方で○○のところの資料だけ揃えて、清書した申請書をつけてもらえれば大丈夫です」

と、手取り足取り申請まで導いてくれることとなった。

広田課長が席を立った際、高木さんが小声で、

「ライゾウさん、イチ商店街のわしらが、あそこまで県庁の課長さんにやってもらってええんかのう…」

と言うため、

「商店街のことは地域の皆や町のためじゃけえ。もちろんええんよ…」

と、なんだか遠い昔に似たようなことがあったような気がしながら話をした。

後で分かったことだが、実はこの広田課長が県の申請審査部署の現場トップだった。審査のトップ自らが手伝ってくれた私たちの申請は、当然だがその後すんなりと審査を通ることとなった。

助成金は出ることになったが、事業を実施するには商店街活性化のための会議を立ち上げなければならなかった。とはいっても、会議を運営するならば私たちだけではなく、行政や専門家などを巻き込まなくてはならず、そんな会議を立ち上げるノウハウは、田舎の商店主たちにはなかった。

「どうするライゾウさん。やっぱりどっかの会社に頼むしかないのかね？」

紺田会長からもそう言われ、確かにコンサルタント会社に頼めば楽だとは考えたが、そうするとどうしても高い報酬がかかってしまう。

「いや、なんとか自分らでできますじゃろうよ！」

私は困った時の〝なにくそエネルギー〟を出し、皆を鼓舞した。それから手分けして調べてみたところ、広島市内の私立大学に、いくつか経済学部や商学部があると分かり、ある日、何のコネもアポもなく、飛び込み営業のようにひとりで相談に行ったのだった。

「すみません。熊野町の商店街のものですが、先生と面談させてもらいたいんですが…」

突如キャンパスに現れた謎の商店主に、怪しがって門前払いをくらうこともあったが、安佐南区にある広島経済大学でひとりの先生が話を聞いてくれることになった。その人は池端先生という若手の助教授で、ずんぐりむっくりした体格で目鼻立ちはクッキリしており、ヒゲは濃い目でちょっとラテン系というか、小さく丸めた長嶋茂雄という感じの人だった。

私は田舎の商店街の実情と課題を述べ、「地域活性化のために共同事業をやりたいんです！ぜひ協力してもらえませんか？」とお願いしたところ、池端先生は汗っかきらしく、何度も汗を拭きながら聞いてくれ、「大変すばらしい活動ですね～。ん～研究テーマとしても面白そうなので、どうぞ一緒にやらせてください！」と協力してくれることになった。

助教授である池端先生は大学から給料が出ており、場合によっては研究費も出るため、コンサルタント会社のように高い報酬は必要なく、会議の議長から、視察の取りまとめまで、交通費と少しの報告書作成費のみで請け負ってくれた。先生はいつも偉ぶることなく、謙虚な姿勢で話を聞いてくれ、私たちへの協力を惜しまなかった。私は高校中退で学歴コンプレックスもあって、大学の先生に対するイメージがどこか近寄りがたく、鼻につく感じでいたが、先生との出会いで随分変化した。それは後の学び直しのきっかけになったようにも思う。

そんな方法で3年間に1千万円以上の補助金を得たが、補助金は商工会経由で入るため、当時の商工会役員からは「ちいとは商工会に置いていけえや」と、本末転倒なからかいも受けた。私はすぐに「いやいや、『よう取って来た、商工会からもちょっと足してやるけえの』と言うのがホントじゃないですか」と切り返したものだった。

初年度・2年目・3年目と事業は採択され、会議には町役場から課長にも入ってもらい、視察先は全国に及んだ。私は東京視察の弁当で出た、江戸前のうな重にひどく感激したのを覚えている。

商店街ではこれからはじめる地域スタンプと商店街の新たなネーミング募集というイベントを行い、当選した人の中から抽選で1名に、フォードフェスティバ1200ccの自動車をプレゼントするという、田舎町では前代未聞の大盤振る舞いを行った。その資金を金融機関から借り入れる際、商店街の結束を図るためとして、役員全員が保証人となるという、今考えるとよく独断であんなことができたものだと思うようなこともした。

スタンプ事業は大成功となった。計画通り皆で組合を作り、スタンプを330枚(百円の買物で一枚もらえるため、3万3千円分)台紙にためると、加盟店で5百円の金券として使え、さらには地元の金融機関で預金もできたり、歳末の福引会など、イベントではさらにお得に使える仕組みとした。

初年度2千8百万円のスタンプ売り上げがあり、見事広島県内でナンバー1となった。私や紺田会長はその報告を受け、「やったー！ヨッシャー！」と、手を取り合って喜んだ。こんな田舎の小さな新興商店街の自分たちでも、頑張ればできることがある。そんな希望を感じた瞬間だった。

年度終わりには、うちの店で紺田会長ら商店街の役員やメンバーの皆で集まってお祝いの宴をした。その頃にはもうタミコも商店街のことやスタンプ事業のことに理解を示してくれており、「よかったね！この商店街はスゴイよ！」と応援してくれ、店の留守を守ってくれるようになっていた。高木さんは飲み過ぎて真っ赤になって私に抱き着き、「ライゾウさんありがとー！うちの商店街は日本一じゃあ！」と大はしゃぎで、五反田君も、北村さんも、本屋も玩具屋も電気店も、皆で喜び合い、これからの商店街の夢を語り、大いに盛り上がったのだった。

その後私たちの商店街には、他の商店街からたくさんの視察があり、研修では成功事例の報告にも何度も招かれ、得意になって喋っていたことを覚えている。その時スタンプ会と商店街についた名前が、団地の中心にある山から『坊主山スタンプ』『坊主山商店街』だった。この頃は私にとって充実していて楽しいけれど、きついことも多かった時期であったが、仲間と共にがむしゃらに進んでいっていた。商工会の指導担当職員からは「商店街のことばかり熱心にやって、自分の商売をパーにしたもんもおるんで」と釘を刺されたが、(それなら商店街での役職が上がる度に、店を大きくすればいいいんじゃないか！)と、頭の中で反論していた。

そして事実、それを〝なにくそエネルギー〟で実現化していった。

長男の成長

私の家族は妻タミコと長男ジュン、長女ユノ、次男マサアキ。それに私の母ミトメの6人だった。保証債務のこともあって資産を持たない(というか持てない)方針だったため、店の近くに借家を借り、夫婦で朝から晩まで店に出ていた。そのため子どもたちのことは母に同居してもらい、面倒を見てもらう時期が長かった。

ジュンが1歳半、ユノが生後6カ月の時に子どもらの母親と離婚し、私は子どもたちを引き取った。そのことは私の中で、幼い我が子から生みの親を奪ってしまったという、大きな負い目となっていた。

（何としても立派に成長させねば…）

私の中でその想いは大きく、常に責任を感じていた。

ジュンが小学5年生の頃のことだ。本人がやりたがるので、地域のソフトボールチームに所属させた。当時は男の子のスポーツ系習い事といえばソフトボールという感じで、ジュンの同級生や近所の友達もたくさん所属していた。

ある日の配達の途中。偶然ジュンのチームが練習試合をしているところに通りかかった。遠くからそっと見ていると、ジュンは選手としては試合に出ておらず、1塁コーチャーボックスにつまらなそうに立っていた。思えば入団した頃は楽しく通っていたが、最近は休みたがるようになっていた。

帰宅後「今日のソフトは何したんや？」と聞くと、「1回代打で2塁ゴロだった」「あとは1塁コーチをしとった」と話した。私が「面白かったんか？」と聞くと、「べつに…」と俯いて小さな声で言った。私は衝動的に「ヨシ！もうソフトボールはやめえ。お前には誰にもマネできんスポーツをやらしちゃるけえ」と伝えた。

そして次の正月休みに、私はジュンを府中市の山中にあったモトクロスバイクのサーキットに連れて行った。ソフトボールチームでの姿を見て私は、ジュンに自信をつけさせるため、あまり他の子ができないようなことをさせようと「モトクロスバイク」を選んだ。

小5で自主的に(?)バイクに乗りはじめた私は、その後もずっとバイク好きで、オフロードの山中を走り回るモトクロスバイクも、少しだけかじったことがあった。

会場には偶然『渦潮レーシング』という、尾道の顔見知りのチームが練習に来ており、ジュンと同い年であるチームリーダーの息子も走っていた。目の前で自分と変わらない小学生が、爆音を上げながらバイクでターンやジャンプをする姿を見て、ジュンは、「すごい！かっこええ！」と興奮し、私が「やってみるか?」と言うと、「うん！」と即答した。広島に帰り、早速友人でもある広島でレースを取り仕切っている人に相談し、中古のミニモトクロッサー（80cc）を買い、熊野の荒れ地に持っていき練習がはじまった。

そんなことをはじめると、どこで話を聞いたのか「うちの子も面倒見て」という親御さんが3人ほど現れ、『ジュニアレーシング』というチームを作ることになり、県内や四国のレース場まで行くようになった。

ジュンの上達とともに私も熱が入り、モトクロスバイクのことをしている時は保証債務のことも忘れられていた。モトクロスをはじめて6カ月でジュンは腕立て伏せでクラス1番になった。また、以前はマラソン大会の前日になると誰に似たのかよく腹痛になり、医者から心因性と言われていたのが、モトクロスをはじめてからは学年選抜選手に選ばれるようになった。山をバイクで走り、飛んだり跳ねたり遊んでいるだけで、強靭な体と運動神経が備わったのだった。

その後すぐ調子に乗る私の悪い癖で、近所の山に勝手にモトクロスバイクの練習コースを作ったり、結構大きな大会まで企画して即席レース場も作ったりした。もちろん無許可なのでそのうち地権者などに見つかって怒られ、元に戻すことになった。

同じくらいの情熱を商店街活動にもつぎ込んでいたため、当時は仕事にモトクロスに商店街活動にと、休む時間がほとんどなかったが、それでも遊びにも全力だった。大きな保証債務のせいで商売には今一つ身が入らない時期だったが、いつも何かしら熱中するものを持っていないと生きていけない性格なのだろう。

ジュンはその後、地元中学から県内の難関高等専門学校に合格し、同級生のリーダーのような存在となって、バイクに友人とのバンド活動にと青春を謳歌していった。坊主山商店街の夏の恒例イベント「ぼ〜ず山サマーナイト」にもバンド出演し、ドラムを担当して軽快な演奏をしたこともあった。

愛娘

長女ユノは世話好きで優しい性格から、同居していた私の母から一番頼りになる孫として、ことあるごとに「ユノさん、ユノさん」と呼ばれていた。母に認知症の症状が出てからは、さらになくてはならない存在となり、母の精神的な支えにもなってくれた。ちなみに母はその後87歳で私たち家族5人に看取られ、寝付くこともほとんどなく、1週間くらいの入院で静かに息を引き取った。

またユノは後に生まれた次男マサアキの面倒もよく見てくれた。我が家の子どもたちはたまに喧嘩もすることはあったが、基本的に仲が良く、両親共働きのため夜間休日も不在がちで、寂しい思いもさせただろうが、３人で助け合って家を守ってくれていたように思う。

ユノは誰に似たのか勉強もでき、高校は隣町の進学校に行くことも可能なくらいだったが、そこはバス通学になり費用がかさむ。そのため中学3年の夏に、「そういえば猫が飼いたいって言いよったよのう」「うん。飼いたい！」「じゃあ飼ってもいいけえ、その代わり高校は熊野高校にせんか？」「いいよー」というやりとりで、猫と交換にあっさりと地元高校への進学方針が決まった。

私がユノを地元の高校に行かせようと思ったのは、もちろん保証債務のことなど経済的な事情もあったが、何よりこの子は私と違って周囲の環境に流されることなく、コツコツと継続できるタイプだと思ったからであった。

案の定、ユノは高校生活を満喫しながらも成績を落とすことはなかった。思春期ということもあり、私とはあまり口を利かなくなったが、妻やマサアキとはよく喋り、好きな芸能人に黄色い歓声を上げてテレビを観たりする、健全な若者になっていった。

進路選択の時期となり、ユノは子どもと遊んだり絵を描くのが好きだったこともあって、幼稚園の先生や保育士を目指したいというようになった。私もユノには進学してもらいたい思いもあったので賛成だったが、前回同様お金の面がネックだったため、「そういえば卒業したら車欲しいって言いよったよのう」「うん」「じゃあ公立の学校に行ったら、車買ってやるで」「分かった！」と、何だか3年前にもあったような話で進路が決まった。

その後はそれまで習ったことがないピアノを猛練習し受験をしたが、第1志望の公立保育専門学校は不合格だった。本人はひどく落胆したが、私としては想定内で、無事第2志望の私立短大に合格し、幼稚園教諭の養成コースで学んで資格を取った。車の方は当初の約束が果たされなかったため、一部費用だけ本人に負担させた。

短大卒業後は幼稚園に就職した。ユノは一度こうと決めたら一直線のタイプで、特に高校卒業してひと段落した頃からは私ともよく会話をするようになり、仲は良かったのだが、お互い意見を譲らないことが似ており、ぶつかることも多かった。

ユノはその後、店の調理師見習いだったイサムと結婚。報告を受けた時は想定していなかったため驚き、まだまだ半人前と思っていた弟子に一人娘を持っていかれるようでショックを隠せなかったが、その後イサムは立派に成長し、独立して夫婦で飲食店を町内ではじめたのだった。起業の際は私もできる限りの応援をし、今では地域に愛される店となっており、師匠であり父である私としては、鼻が高い存在となっている。

次男からの学び

ジュンが小学校に上がる頃、次男が生まれた。ジュンとユノも年の離れた弟の誕生を喜び「わしが先にチューするんで！」「いや、わたしよ～！」と、奪い合うように可愛がってくれた。

タミコが妊娠したことを山川県議に報告した際、「男の子ならわしに名前を付けさせてくれんか？」と申し出てくれ、生まれてきたところ男児だったため、約束通り名付け親になってもらった。

県議から一字もらって「マサアキ」と名付けられた次男は、元気にすくすくと大きくなったが、なぜだか中々立たず、ようやく立っても歩かなかった。２歳を過ぎても歩かないため、次第に心配になり、名医と聞いた広島市内の小児科に連れて行った。
「まあ大丈夫でしょう。そのうち歩きますよ」との医者の言葉に、一旦はホッとしたのだが、その後3歳を迎えても状況が変わらないため、県立病院や大学病院など、大きな病院をいくつも回った。しかしどこへ行っても原因が分からず、困って山川県議に相談すると、東広島に新しくできた県立リハビリセンターに良い先生がいると教えてもらい、予約を取って行ってみることにした。

数週間後。夫婦でマサアキを連れて、東広島市にある県立リハビリセンターを訪ねた。大きく真新しい施設は専門性が高そうに見え、ここならば歩けない理由を明らかにしてくれるのではないかと、期待が高まった。

主治医となった黒崎医師は、見た目はちょっとコワモテで無口な感じだったが、話すと真剣にこちらの話を聞いてくれる、若い男の先生だった。先生はマサアキを診察してすぐ「息子さんは脳性麻痺ですね」「このままでは歩けません。手術とリハビリが必要です」と言った。

「えっ…」

その途端、タミコは真っ青になって倒れ、看護師さんに支えられて別室で休ませてもらうことになった。

「ママ！ママ！」

母親のただ事ではない雰囲気を察したマサアキが不安がるため、「大丈夫で。父さんがおるからの」となだめて抱き上げ、仕方なく私はひとりで今後の治療計画などを黒崎医師から聞いた。先生は「ショックでしょうが、大丈夫です。ちゃんと治療すれば歩けるようになりますよ」と勇気づけてくれたが、「脳性麻痺」という言葉へのショックで、ほとんど頭に入らなかった。

その後タミコとマサアキを車に乗せ帰路についたが、正直どこをどう通ったか覚えていないほど途方に暮れて帰った。その時最も心配したのは、タミコが自殺するのではないかということで、それくらいタミコの落ち込みようはひどいものだった。私がどう声をかけても返事をせず、うつろな目でボーっと外の景色を見ていたり、かと思うと急に「どうしよう…。ごめんなさい。ごめんなさい」とつぶやいてポロポロと涙を流したりで、自宅に帰ってからも臥せって寝てしまった。

私はとにかく励まさないといけないと思い、自分のショックはさておき、前向きな話を語り続けた。

「大丈夫じゃ。先生は手術と訓練をしたら歩ける可能性が高いと言うとったじゃないか」「黒崎先生はその道では有名な先生らしいで。運が良かったわ」

マサアキがこれからどのように育つのか。手術やリハビリとはどんなものなのか。本当に歩けるようになるのか、それとも歩けないままなのか…。分からないことだらけだが、私は足りない頭で必死に考え、ひとつの結論を出した。

「よし！たとえこいつが一生働けんでも、食うに困らん金を残そう。ふたりで頑張って、商売を大きくしようで！」

私にとってはこの経験から学んだことが、その後の人生にとって大きな力となったように思う。生涯最大の〝なにくそエネルギー〟が発生した出来事だった。

その後タミコも気を取り直し、病院で新しく導入された「ボイタ法」という訓練法をマサアキとふたりでやるため、頻繁に黒崎先生の所に通いはじめた。家事と店の仕事もこなしながら、通院とリハビリに必死で取り組んでいた。

マサアキはその後４歳で手術を受け、半年ほど入院をした。歩けるようになるために仕方がないこととはいえ、４歳の我が子と半年も離れるというのはとても寂しく、やるせないもので、マサアキが病院へ行ってしばらくは、我が家はお通夜のような状態だった。

当時その病院には似たような子どもたちがたくさん入院しており、月に１度だけ家族との面会日があった。面会は親子共にとても嬉しく、入院している子どもたちも前日から興奮して寝付けないほどだった。私たちもその日が待ち遠しく、どんなに忙しくても調整して面会日を待った。当日はマサアキが喜びそうな玩具やお菓子をたくさん用意して行き、１カ月ぶりの再会を喜び、心から楽しい時間を過ごすのだが、あっという間に終了時間が来てしまう。それを察してひとりの子が泣きはじめると、あちこちに悲しみが伝染していき、涙の大合唱となるのだった。そんな状況になるとこちらもつい泣きそうになるが、マサアキを不安にさせまいと必死で表情を作り、「またすぐ会えるから。がんばるんで！」と声をかけ、泣きわめくマサアキを看護師さんにお願いし、帰りの車内で夫婦で泣き、ジュンやユノもしんみりしながら帰宅するのだった。私は、「あの子もがんばっとるんだから、わしらも負けんようにせんとの！」と、自分に言い聞かせるように家族を励ましていた。

そんなマサアキは手術後に足の装具を作ってもらい、リハビリを続けた。ある月の面会日。装具をつけたマサアキが、リハビリの部屋で歩行器や手すりも使わず、初めて2歩、3歩と歩くのを見た。

「やった！すごい！すごいでマサアキ!!」

夫婦で手を取り合って喜んで涙し、黒崎先生に感謝を伝えた。

「先生、ありがとうございます！ありがとうございます！」

「いやいや、彼のがんばりですよ」

ジュンとユノも大喜びでその日は帰宅し、マサアキが入院してから久々の我が家の明るいニュースとなった。

そしてついに半年後の退院の日。ジュンとユノは「やっと連れて帰れる！」と大喜びで、興奮しながら家族皆でマサアキを迎えに行き、帰宅して親族や友人も呼んで盛大なお祝いをしたのだった。

その後マサアキは小中高と地元の学校に通い、障害があることで悩むこともあったようだが、素晴らしい先生や同級生、友人との出会いもあり、本人だけでなく私の家族友人も含め、成長と学びを得ることができたように思う。彼の頑張る姿が、少なからず私にも力を与えてくれたことは間違いない。

地元の大学を卒業し、教育委員会という安定した職に就いて私としてはホッとしていたが、ちょうど1年が経った頃、突如マサアキが仕事を辞めると言い出し、親子で大喧嘩となった。私は「お前何考えとんじゃ！山川先生も応援してくれるし、こんなええ仕事はないじゃないか！」と怒り心頭に発した。

しかしマサアキは「僕は福祉の仕事がしたいけえ資格を取る勉強をする。じゃけえ、今の仕事と両立できん！」と言い張り、頑として譲らなかった。

私はせっかくの安定した仕事を失わせたくないと、マサアキに内緒で彼の職場の上司に相談しに行った。そこで「お父さん、ご心配はよく分かりました。あと1、2年で配置換えし、資格の勉強ができるよう配慮しましょう」との回答をもらい、喜び勇んでマサアキに伝えたが、「要らんことをするな！」と烈火のごとく怒り、とうとう勝手に退職して専門学校に入学してしまった。その後マサアキはアルバイトやボランティアをしながら専門学校を卒業し、無事1年後の春に国家試験に合格して社会福祉士の資格を取った。

「次はどこに就職するんや？」と聞く私に、「福祉行政に携わりたいけえ、自治体の試験を受けるわ」と平然と言い、採用試験までの間、車で日本一周の旅に出かけてしまった。私はその後姿を見ながら、腹が立つやら、しかしあのショックを受けた日のことを思えば、よくぞここまで…と、複雑な思いで見送った。

その後就職試験に無事合格し、念願の福祉系部署の公務員として働きはじめた。それから数年後には良い縁もあって結婚し、子ども3人にも恵まれ、今では自分の家を持って偉そうにしている。

妻への感謝

妻タミコには結婚時から苦労のかけっ放しだった。先に書いた経緯の通り、私たちにゆったりとした新婚生活などなく、タミコはいきなりふたりの子育てと家事、その後すぐに店をオープンさせたことで、貴重な従業員として接客から配達、料理の下ごしらえまでフル回転で働くこととなった。家のことも、私の母が子守りなどは手伝ってくれるものの、洗濯や掃除などは基本的にタミコがやっていた。私もたまには手伝ったが、昭和の男で頭の中は仕事のことばかりで、帰宅するとぐったりしてすぐ横になるため、ほとんど家事は任せきりであった。

マサアキが生まれてからも、タミコはきょうだい３人分け隔てなく関わりながら、家事と店の仕事をこなし、マサアキの通院やリハビリにも精一杯取り組んでいた。当時最新の訓練法とされた「ボイタ法」は、素人目からすると幼児に強めのストレッチをさせる感じで、マサアキはそれが嫌でよく泣いていた。孫が不憫な母からは、「かわいそうに…。止めてあげんさいや」と言われることもあったが、タミコは子どもの将来を考え、目に涙を溜めながらも手を緩めなかった。

タミコは仕事でも、商店街活動などで留守をする私に代わり、女将として店を守ってくれた。まあ時々小言は言われたが、最後は受け入れてくれていた（と思う）。

そんな妻に感謝してもしきれないはずの私なのに、店をはじめて間もない頃は、まだヤンチャ時代のいい加減さが抜けきっておらず、悲しませることも少なくなかった。ある日私は「これも付き合いじゃけえ。夜営業までには帰る！」と、困惑するタミコに昼の営業を任せ、タツヒロたちと競艇に行った。当初は夕方までに帰るつもりだったが、レースに夢中になるうちに結局帰宅は夜になってしまった。

さすがにまずかったか…と思いながら戻ると、店には「臨時休業」の札が出ており、自宅に帰ると真っ暗で、タミコもジュンもユノもいなかった。

やってしまったと思い、手当たり次第に探したところ、市内に住む私の姉・エミコの家に身を寄せていることが分かった。心配したタツヒロが「タミコさん怒っとるで…。明日すぐ迎えに行かんと」と言うので、私はうなずきながら、「そうじゃの…。でもどうせ出かけるなら、明日も競艇行って、その後迎えに行くか！」と、またも不謹慎だが、ピンチになると逆に開き直ってふざけてしまうのだった。

よくテレビドラマなどで、非行に走った若者が更生していく話があったりするが、人はそんな急に変われるものではないのではないか。特に私のような弱い人間は、小さな失敗を繰り返しながら、それでも信じて、付き合ってくれるタミコがいてくれたからこそ、時間をかけて変わっていけたように思う。

その後マサアキの誕生や保証債務問題、商店街活動などを通して私も次第に性根が座り、仕事や家族のことを一番に考える人間になっていけたのだが、それからもタミコには苦労をさせることが尽きなかった。店の移転や和食レストランの開店など、じっとしておれない私は次々と新たな商売にチャレンジし、周囲を振り回すことが多かった。タミコは意見を言うことはあっても、最終的には信じてついてきてくれ、片腕として私を支え続けてくれた。

また、仕事以外でも私の想いを理解し助けてくれ、嫌な顔一つせずに付き合ってくれた。特に姉エミコの孫であるユウカの更生のことは、タミコの協力無くして成しえなかったと思う。当時ユウカは中学卒業を控えていたが、いわゆる非行少女で学校にもほとんどいかず、親や親族にも反発して、広島市内の自宅にもあまり寄りつかなくなり、暴走族のような連中と遊びまわっていた。困った姉から相談を受けた私は、自分の経験もあり、（この子は今の環境におったら悪い仲間も切れんし、このままじゃったら高校にも入らず、将来ロクなことにならん！）と思い、熊野町の我が家で引き取ることにした。

当初は「高校なんか行きたくない」「彼氏と同棲する」などと言って抵抗したユウカだったが、姉や私の家族も一緒になって説得し、なんとか我が家に寄宿することを受け入れた。ただ問題は受験で、それまで勉強をほとんどしてこなかったため、高校に合格できるかはなんとも微妙だった。そこで大学生になっていたマサアキや、その友人たちが勉強を見てくれ、ユウカ本人も短期集中で頑張った結果、見事奇跡的に合格できたのだった。

合格発表を見に行ったユウカから報告を受けた私は本当に嬉しく、我が子の時でも泣いたことはなかったが、この時は泣きながら「よかったのう。えらかったのう」と、ユウカをくしゃくしゃにしながら褒めた。今思えば、自分自身が高校で挫折した経験と重なっていたのかもしれない。

その後高校3年間、タミコはユウカを自分の子のように気にかけ、毎日弁当を持たせて学校へ送り出し、店でアルバイトさせたりしながら、コミュニケーションをとってくれた。その甲斐もあってユウカは徐々に落ち着き、成績も上がっていった。3年後、ユウカは無事高校を卒業しただけでなく、短大に合格して我が家を巣立って行った。熊野に来る前には、そんな未来は想像できなかったことで、姉や姉の子でユウカの母でもあるイクコからも、大変に感謝されたのだった。

大名旅行

商店街活動でスタンプ事業部長となった私は、地域の人たちに「坊主山商店街はその辺の商店街とは違う！」と思ってもらい、注目を浴びることが事業成功の鍵と考え、思い切ったことをやるために、3年間は独断と言われても思い通りにやることとした。そんな私の考え方に賛同し、協力してくれた商店街の仲間たちには、感謝感謝だった。

1年目はお手本にしていた地域スタンプ発祥の『東京烏山スタンプ会』のイベントをそっくり再現しようと考え、第1弾として「大名旅行」という名の豪華旅行を企画し、準備にとりかかった。

私の店の隣に「ファッションのイイダ」という洋服店があり、店主の飯田さんがスタンプ事業の副部長で、私と違って大学卒のインテリで一目置いていた。ふたりで相談し、正月休みの間に視察旅行へ向かった。元日の深夜に出発し、徳山港より朝一番の周防灘フェリーで九州の国見へ。第1の視察先・湯布院では、当時人気ナンバー1と聞いていたホテルを案内してもらったが、古民家風の部屋であまりピンとこなかった。飯田さんも「岡崎さん来てよかったね。けど、ここはオシャレだけど、都会のお客さん向きかもね」と、私と同意見だった。

次に杖立温泉「ホテル大自然」を視察。こちらは新築ピカピカ。売り物はその頃先取りの、露天風呂付きの特別室で、一泊一部屋35万円という高額だったが、一部屋8人まで宿泊可能だったため3部屋予約した。帰って皆に報告し、企画を会議にかけた。私と飯田さんが自前で視察した甲斐もあり、役員会でもすぐOKをもらった。

早速チラシを作り、大名旅行とスタンプ事業発足の宣伝を商店街全体でやろうということになり、会議で話し合いをした。「有名な歌手でも呼んだら?」「もう車買ったけえ、そんな予算ないで」「じゃあ、わしらで歌って踊るか？」「オッサンの歌と踊りじゃあのう…」そんな調子で出口のない議論をしていると、誰かが「宣伝といえば子どもの頃は、チンドン屋とかおったよのう」と言った。

私はひらめき、「それじゃ！わしらが仮装して、音楽鳴らしながらパレードすれば目立つし、面白いんじゃないか？」と提案した。皆も「ええかものう」「わし侍がやりたいのう」「お前はその体型じゃあ、力士じゃろ」などと盛り上がり、一気にやる気になった。

仮装パレード当日。商店街事務所前は異様な光景となった。総菜屋の北村さんは着物を着た町娘だが、巨大な大娘に。逆に小柄な五反田君は、お腹に顔を書いてハラを出していた。熊野団地書店の正田さんはスマートで、女装が結構似合っているが、高木さんのチャイナ服は背が高いためミニスカになっており、独特の気持ち悪さだ。他にもピエロや侍など、いろんなキャラクターが揃っており、イヤでも目を惹く集団ができていた。

私は中年太りの体格と大きな目を活かし、黒っぽい浴衣を着て「なんちゃって西郷隆盛」となって登場した。仕上げに当時飼っていた黒柴犬のジュウベエを連れていき、中国娘の高木さんから「日本一似合っとるで！」と褒められた。

皆で隊列を組み、伝統の「筆踊り」を流しながら、町のそこかしこをパレードした。町の人は笑ったり、知り合いには声をかけられたりしたが、小さい子どもには怖かったのか、見て泣き出す子もいた。クタクタになったが、そんなことを大真面目でやる商店街の仲間の行動力と団結力に誇りを感じたのだった。

旅行の申し込みは先着順と決め、当日朝9時からの受付開始とした。誰が何時に並ぶか、皆で注目していたが、一番乗りはなんと前日の夜8時半で、これまで熊野町では見たこともないような大行列ができた。小さな町の商店街のイベントでこんな行列ができるというのは大きな宣伝効果があり、町中で話題になった。

旅行当日は朝5時に起き、店で大きな鯛を活け造りにし、船盛りを作ってバスに乗せた。飲み物は、ビールに当時人気のジョニ黒、ナポレオンと、豪華旅行を地で行くようなサービス。使用するバスは当時広島で一番豪華なものを旅行会社に準備してもらい、「乾杯！」を合図にスタートする旅行となった。私と飯田さんが視察したホテルも大評判で、参加者からは大満足の声をもらったのだった。

借金返済

30歳頃に叔母夫婦の連帯保証債務で背負った借金6千万円が払えぬまま、10年以上が経過していた。どんなに楽しいことをしていても、どんなに店や商店街のことで一生懸命になっていても、頭の片隅にはいつも借金のことがあり、モヤモヤと霧の晴れない状態が続いていた。しかし時はバブル最盛期。店の常連で、よく流川に連れて行ってくれた会社社長の金遣いをそばで見ていると、たかが6千万円程度でクヨクヨしている自分がバカバカしく思えてきた。

「これじゃあ一生男になれん！」

私は覚悟を決め、「何としても返してやる！」と決意をした。しかし決意したからといって金がすぐに湧いて出てくるわけではない。

（いつまでも避けとられんよな…。行くしかないか！）

私は保証債務ができて以来、足を踏み入れていなかったあのメインバンクに行くことにした。

翌朝。案の定腹を下したが3回トイレに行き、意を決して銀行へ向かった。私はいかにも平気そうな顔を入店前に作り、受付で「おか半の岡崎ですが。支店長さんおるかいね?」と、友達でも呼ぶように気軽な雰囲気で取次ぎを頼んだ。少しすると女性行員に別室に通され、お茶を出された。私はソワソワドキドキし(落ち着け落ち着け。なめられたらいけんで。余裕の態度でおらんと…)と、自分に言い聞かせていた。しばらく待っていると「よく来てくれました岡崎さん。お待ちしていました」と、若ぶりで爽やかな男が、当時流行のダブルのスーツで出てきた。係長か何かかと思ったら、その人が支店長で、私と大して年は変わらなかった。

「いやあ、長いこと迷惑かけてすまんかったねえ。ようやっと最近落ち着いてきたんで、保証債務の処理をしようと思ってね。いくらでしたっけ?」

私は内心冷や汗をかきながらも、外面はいかにも堂々とそう切り出した。当初6千万円だった保証総額は、その後どうなったのか?心配だったが、銀行の回答は当初の額と変わらず、私はホッと胸をなでおろした。

若ぶり支店長は私の本音を察してくれたようで、丁寧に話を進めながら実現可能な返済計画を考えてくれ、次のような提案をしてくれた。まず保証協会付きの債務は残し、それ以外から返済すること。私の他にも保証人がいるので、倒産した本人と保証人ふたりで話し合いの場を持つこととなった。支店長の解決案は、元本を3分の1ずつに分け、借入を書き換える。それを相保証とし、それぞれに責任を持つ。銀行は利子免除を行い、毎月3名から集金し、入金する責任を持つ、というものだった。これにより保証協会以外は弁済をはじめ、一応事故なし状態となって、銀行借り入れが可能となった。

その後、店のパートもしてくれていた隣家の佐藤さんから、「1階におか半が入ってくれるなら家を建て替えたい」と誘いがあり、私はそれを受けることとし、創業店の2倍の店を作ることとした。こうして商店街での役職の上昇と比例して店を大きくするという、過去に誓った方程式が達成できたのだった。

ある日、山川県議が後援会で付き合いのある不動産会社の谷社長を連れて来て、「今日は長年の君の課題である、保証債務の解決策をもってきたで」と言った。そして谷社長に「こいつが頑張っとるから、何か応援してやりたいんじゃ。さっき見てきた山に霊園を作ってくれんかの」と、私が保証協会に差し押さえられている山林の土地の話を切り出した。

「あそこをライゾウ君の言い値で買ってやってくれんか？」と山川県議が言うと、谷社長が「いいでしょう。その代わり、あの土地を調べた結果3名の隣地地主がおられるので、隣地の同意書だけは岡崎さんで取ってきてください。それが買い取りの条件です」と言った。私は山川県議に感謝すると同時に（同意書がとれるだろうか…）と不安も募った。それがそう簡単なことではないと知っていたからだった。

3人の隣地地主は、農家が1軒、サラリーマン1軒、筆屋が1軒という構成だった。私はまず話が通りやすそうな農家から交渉に行った。霊園のことをお願いすると、「ワシはええんじゃが、3人が同意せんといけんのじゃろう。先に他の人をあたってくれや」と言われた。次に行ったサラリーマンも同じ反応で、「あそこの筆屋さんはうちの親戚じゃが、中々うんと言わんと思うで」と付け加えられた。実は私もここが一番の難関と考えていた人物で、そのために他のふたりの同意をもらって「他の人はＯＫです」と行く戦略だったが、その目論見は早くも崩れ去ったのだった。

まずは筆屋を口説くしかない…。どこを突破口にしようかとあれこれ調べたが、他人の言うことをホイホイと聞く人ではないと分かり、悶々としていた。数週間悩んだが、こんな時最後は小細工なしで、裸で飛び込んで解決してきたことを思い出した。

ある日の夕方。私は日本酒２升を持ち、意を決して筆屋を訪ねた。この時はなぜだか、腹を下すことはなかった。筆屋宅に着いて呼び鈴を鳴らすと夫人が出てきて「主人は一杯飲んで休んでいて…」とのことだったが、私の表情を見てただ事ではないと思ったのか起こしてくれ、話を聞いてくれることとなった。居間でしばらく待っていると、浴衣姿の筆屋の主人が少し寝ぼけ眼で出てきた。いかつい顔はいかにも頑固な職人風だった。

「どうしたんかいの。何か大事な話があるいうて」

「お休みのところすんませんです。実は折り入って話がありまして。あそこの隣町に抜ける林道の手前の土地のことなんですが…」

「おう、あそこのうちの土地のことか?」

私は正直に親戚の連帯保証人となり、債務6千万円があることを話した。そしてこれを解決しないと自分の人生は先がないと思っていること。苦労をかけっぱなしの妻や、幼くして母親を奪うことになってしまった長男長女、障害のある次男ら家族のために、何とか商売を前に進めたいこと。そのためにあの山の土地を売って霊園にしたいので、隣地の同意書に判をついて欲しいことを話した。

「どうかこの通りです!お願いします!」

私は頭を下げ、心の底からお願いした。

筆屋の主人は腕を組んで目を閉じたまま、黙って動かなくなった。

(ね、寝とるわけじゃないよのう?)

おそらく時間にしたら1分も無かったのかもしれないが、私にとってその沈黙は何十分にも感じた。

「…言いたいことはそれだけかいの?」

ゆっくりと目を開いた筆屋の主人は、私を見つめてそう聞いた。私はヘビににらまれたカエルのように固まり、ただ首を縦に振ることしかできなかった。

「…ワシも商売しよるけえ、あんたの気持ちはよう分かる。ええじゃろう。書類を出しんさい」

筆屋の主人はそう言うと、いかつい顔を少し緩ませ、あっさりと同意書に判をついてくれたのだった。

私は何度も礼を言って帰り、大急ぎでタミコに報告した。

「やったでタミコ！これで保証債務の目途もつくで！」

「お父さん、よかったねえ！ほんとによかったねえ！」

タミコと話していると、子連れで熊野に戻り、裸一貫から必死になって商売や子育てをしてきたことが思い出され、自然と涙がボロボロとこぼれてきた。タミコも一緒になってふたりで泣いた。

「これでやっと自分の家も安心して持てる！商売の借金も怖くない！」

「さあ、おか半を大きくするで！」

私の心は晴れ晴れとし、イケイケどんどんの気持ちであった。

2023年12月

家族の章　その3

この日僕は、父の入院する病院に来ていた。

5月に父がここに来て以来、ほぼ毎週顔を出すことが習慣になっていた。自宅のある熊野町から車で30分ほどの、海の近くにあるこの療養型病院は、市街地に近いわりには静かな環境に建っていた。おそらく僕が生まれる前からあると思われるこの建物は、昭和ながらの低い天井で、大きな音を立てる旧式のエレベーターや、昔ながらの購買部があり、ここだけ時の流れから取り残されたのではないかと感じるような懐かしさがあった。

父の容態は少しずつだが快方に向かっていた。医療的なケアが必要なため退院はまだまだ望めないものの、春にはひどい浮腫みでほとんど動かせなかった左手も、秋が深まる頃にはずいぶん腫れがひき、僕らの手を握ったりできるようになっている。気管切開をして呼吸器をつけているため相変わらず声は出せないが、右手でアレコレ自分の思いを書き、この個室に移ったのも、父がホワイトボードに書いてよこした要望からだった。それが功を奏したのか分からないが、個室に移ってから父はさらに状態が良くなっていき、以前は楽しめなかったテレビを観るようになったり、表情も和らいで安定してきたのだった。

「父さん来たよー。顔色いいじゃん。調子どう?」

病室に入ってすぐ、僕は父のそばに行き、耳元で大きめの声でそう伝えた。父は頷きながらテレビを観ていたイヤホンを外し、右手で書く仕草をした。ホワイトボードを渡すと、左手でボードを押さえながら右手でマーカーを走らせ、「今食事中。これが昼飯」と書いて、胃ろうから注入している栄養成分の入った袋を指さしてニヤリとした。

こんな状況でも冗談を言う。いつもの父らしい。

「ほんまじゃ。味はどうよ?」

僕がそう言うと、父はおどけて両手の平を上に向け、「WHY?」みたいなポーズをとった。たわいないやりとり。だが、僕からすれば、この過酷な境遇すら笑いに変えるその意地には、尊敬を超えてあきれてしまう心持ちだった。

(なんなんだろうね。この人は…)

それから僕は、進めている自伝出版計画のことを報告した。「実はネットで探しとったら、小さいけどいいところが見つかったんよ! そこの社長さんが『原稿を送ってくれ』って。いい？」

父が力強く頷く。口パクで「やれ」と繰り返した。その時、病室のドアがコンコンと鳴り、思わず僕はドキッとした。

「あぁ、マサアキ。来てくれとったんじゃ」

母だった。母は父が一命をとりとめて面会が可能となってから、ほぼ毎日のように面会に来ており、着替えの交換や、タオルやティッシュなどの必要物品の補充などを担っていた。

「うん。さっき来たところよ」

父は母のことが目に入ると軽く手を上げ、それからまたホワイトボードに思いを書いた。

「外出はいつか？ 畑と店と家に行きたい」

12月に入り、父の状態がしばらく安定していたこともあり、医師から数時間ではあるが、初めての外出許可が出ていた。とはいっても、寝たきりで呼吸器などもつけている父の外出は家族だけではできないため、介護タクシーや付き添いの看護師の手配をしなければならず、その調整をしていたところだった。以前から父は熊野に帰りたいと繰り返し言っており、家族としても本人の生活の目標にもなることから、準備を進めていた。

「来週の水曜に決まったんよ。おとうさん、らいしゅう、すいよう、ＯＫ?」

母が父の顔に近づき、大きめの声で伝える。父は何度か頷いて、手でＯＫサインを出した。

「よかったねえ父さん。久々の熊野じゃね。それにしても畑が気になっとるんだね。今行っても何も植えてないと思うけど」

「ほんまにねえ。まあ友達もおるけえ会いたいんよ」

面会を終えた僕は母に「ちょっとお茶でもせん?」と声をかけ、近くのカフェに寄ることにした。病院から車で10分ほどのところにあるカフェはいつも盛況で、店の落ち着いた趣もあってか、高齢夫婦と思われるお客さんも多かった。コーヒーが評判の店だが、僕はいつものように紅茶を頼んだ。父はコーヒー好きだが、僕はあの苦い飲み物があまり得意ではなかった。ミルクと砂糖を入れれば飲めなくはないが、乳製品でお腹を下しやすいため、普段あまり飲まない。コーヒー好きは似ず、お腹が弱いのだけ遺伝したようだった。母はまだ昼食を済ませていなかったらしく、サンドイッチとコーヒーを頼んだ。

「ありがとね。忙しいのに来てくれて。最近仕事どう？」

「まあ、土日はなんとかなるけ。母さんこそ元気？」

「うん…。大丈夫だけど、ひとりだと家が広すぎるわ」

そんな話をしながら、僕は父と進めている自伝出版プロジェクトのことを、いつ切り出そうかタイミングを探っていた。自分たちのことがたくさん書かれている母や兄や姉たちは、出版を了解してくれるだろうか？「恥ずかしいからやめて」「バカなことするなよ」などと、反対されないだろうか？そんな不安から、僕はまだこの計画のことを他の家族に言えずにいた。ただ父の自伝原稿を見つけた時、母にはプリントアウトしてあったＡ４の分厚い束を渡し、兄や姉にも、「本人が『読め』って言うから、まあよかったら見てやってや」と伝えて渡すことだけはしていた。

「…ところで母さん、アレ読んだ？」

僕は意を決して、母に話題を振った。

「アレ？ あぁ、自伝ね。うん、懐かしかったよ。まあ若い時は無茶しとったけえねえ、父さん」

「僕もいくらかは聞いたことがあったけど。無免許運転とかスイカ泥棒とか」

「ほんとお店してても恥ずかしかったんよ。『昔大将とこんなことがあってねえ』とか言う人もおって」

「母さんと出会う前のことなのに」

「ほんとよ。まあでも若い頃は夫婦でいろんな人に迷惑かけたから…。その罪滅ぼしというか、恩返しというかね。お店のことも、商店街とか地域のことも。父さん一生懸命やって。ほんまにこの町が好きな人なんよ」

「確かに。前も『熊野にホテルを誘致したい』とか言うてたわ」

「ほんと父さんは幸せな人生だと思うよ。自分の故郷で長く商売できて、地域のいろんな活動もして。あれだけ悪さしたのに、上出来じゃない？」

母のこのセリフはこの日初めて聞くものではなく、最近よく言うものだった。それは山あり谷ありいろいろあったふたりの歩みを再確認するような、願いと感謝が入り混じったような言葉だった。

「…でさ。その父さんの自伝を、出版したいって話があったじゃん?」

「あぁ、またいつものね。こないだも『本にしてくれ』って言ってたわ。あんまり相手にせんでいいよ、ほんまに好きなこと言って…」

「いや、それが、僕も最初は何部か印刷屋に頼んで製本したらいいかなーくらいに思ってたんだけど、読んだら結構読み応えあってさ。素人目だし、身内びいきかもしれんけど、面白くって。本気で本にしてみる道を探ってみるのもありかなと…」

「えっ、そうなん。売れるかね?」

「いや、売れるかは分からんけど…。でも意味はあるかもなって。お世話になった人への感謝も込めて。父さんみたいに若い時につまずいた人間の、逆境への向き合い方とか。参考になるんじゃないかなって。それに本人の生きる目標にもなると思う」

父が人生の最終版の目標にした自伝の出版。息子として、その手伝いをすることで親孝行のひとつにでもできれば。寝たきりとなった父の生きがいにつながれば…と考えたのも事実だった。だがそれ以上に、僕は読み物として父の原稿に魅力を感じていた。そこには僕の知らなかった戦後間もない頃の故郷が活き活きと描かれ、団塊の世代が高度成長期からバブルとその崩壊を乗り越え、令和まで生き抜いた息遣いが感じられたのだ。

「そう…。ありがとうね。そりゃお父さんも喜ぶよ」

「うん。じつは父さんも『大々的に売り出せ！』って盛り上がってて、いろいろ調べたら、興味を持ってくれた出版社があってさ。連絡とったら原稿送って欲しいって」

「本当⁉ すごいねそれは。世の中には珍しい人もおるもんじゃね」

「母さんはいい？ 母さんのこともたくさん出てくるからさ」

「私はあなたたちが嫌じゃなければいいよ」

「ほんまに？ おおきに！ あと、まだもうちょい内容を増やしたいから、家族からもインタビューしたいねん。頼むわ！」

「お父さんの悪口と失敗談なら山ほどあるわいね。まずはそうじゃねえ、私が高熱で救急車で運ばれた時の話はしたかいねえ？」

「それ何べんも聞いたよ～。病院に迎えに来るのにクツ頼んだら、ブーツ持ってきたやつじゃろ？」

「そうよ、夏の話よ！　ありえんじゃろ？　しかも支払いであの人、私の財布からお金出したけえね。あの時はあ然としたよ！」

その後しばらく母からのインタビューをとり（というか、いつものグチ話を聞いただけだが）、帰宅後兄と姉からのＯＫももらい、僕と父の自伝プロジェクトは家族のプロジェクトとして、本格的に始動することとなった。

その夜、僕はこの秋にネットで見つけて何度かやり取りし、父の原稿に興味を持ってくれた小さな出版社に、父の書いた原稿データを送信した。

その名前は「ぞうさん出版」。

父ライゾウの本を出すなら、こんなに相応しい名前の出版社はないじゃないか…と、僕は勝手に運命を感じていた。

経営者としての成長

本人の章　その４

第2の創業

私の店は創業時約20席ほどだったが商売はそこそこ順調だった。しかし保証債務の件もあり、それ以上の大きな挑戦をする勇気も出ないでいた。そんな時親戚の大家から突如、「娘夫婦を2階に住まわせることにしたので、これまで無料で貸していた店舗横の駐車スペースは、返してもらいたい」と、当然のように言われたのだった。

これは本当に寝耳に水で、そのスペースは1階に入っていた私の店と隣の理髪店、そして2階のマッサージ店の駐車場として共有利用しており、店舗に付帯するものだとずっと思っていたのだった。当時この駐車場が使えなくなることは、店にとっては死活問題だった。そんな店子に対し、急に無理難題を言ってくる大家への不満も膨らみ、(早くここを出て、もっと大きな店が作れたら…)と考えるようになっていた。

保証債務にもようやく正面から向き合いはじめたのもこの頃で、隣家の佐藤さんから「大将が借りてくれるなら、自宅を建て直す時に1階を貸し店舗にしてもいいと思っとるんよ」との話があり、私は大きな設備投資を決断することができたのだ。思わぬ逆境と、周囲の助けがあってこその新店舗移転だった。

平成4年初秋。佐藤さん宅が建つのを待ち、正式に移転オープンという運びとなった。その頃にはおか半は町内でもそこそこ知名度が上がっており、たくさんの常連さんや友人がいたため、オープニングレセプションは二日間にわたり、2百人近い招待客を招くこととなった。その時、招待客のひとりの会社経営者から「ライゾウ君は後戻りできない道に入ったね」と言われた。当時はピンとこなかったが、社長業が50年を超えたあたりで、その意味が少し分かった気がした。

こうして店の経営に、商店街活動に、モトクロスに、と、一番忙しくも充実した時代を過ごしていた。商店街の副会長となった際には、おか半の向かいにあった商店街組合事務所の2階を借り上げ、「おか半別館」と称して宴会場を作り、総席数を60席にまで増やしたのだった。さらには商店街の会長を受ける頃には、仲良くなった役場の課長から、「今度町内に文化施設『筆の里工房』を作るので、そこのテナントでレストランをやる事業所を募集するんです。おか半さんでも検討されませんか?」との話をもらい、町の活性化に少しでも役に立てればと考え、挑戦することにした。

そこに脱サラして、市内の寿司屋に修業に出ていた長男ジュンを呼び戻して店長にし、２店舗合わせて客席総数１１０席とした。さらには送迎バスを購入。自分自身も大型免許を取得し、どんどん思いを形にし、商売を大きくしていった。創業時、山川県議から「商売は、朝起きたら自分の店と同じ店が隣にできているという覚悟ではじめにゃならん」と教えられたことがあったが、確かにそうだと思う経験もした。

別館を作って少しした頃、町内に駐車場もたっぷりで、席数80席以上の大型日本料理店が進出してきたのだ。私はなかなか思うような経営環境にならず悩んだが、「いつかこの大型店も抜けるくらいの実力をつけるぞ！」と、〝なにくそエネルギー〟をため込んでいった。

はてしなき人材探し

新店舗の完成と保証債務問題に目途が立ったことで、私の気持ちはさらに仕事に向かって集中できるようになった。席数の増加に対応するため、私とタミコ以外の人間でも焼場やあげ場などでの調理ができるよう、経験の長いパートさんを教育し、レシピや調理法も教え込んで戦力にしていった。特にベテランパートの森津さんは腕がよく、あげ場を担当させると下手な職人よりも美味しく天ぷらを揚げるようになり、店に欠かせない存在となった。それ以外のパートさんにも、タミコと相談しながら適材適所で役割を担ってもらうこととし、この頃から私は、次第に人材育成ということを意識するようになっていった。

また、新たに職人も雇うことにした。後にユノの婿となるイサムを見習いとして採用したのもこの頃だった。新店舗では倍の席数となり、その後別館も作ってさらに席数が増えていく中で、さすがに職人が私だけでは厳しくなったのだ。今はどの業界も人手不足が課題だが、その頃は募集をかければ比較的簡単に職人は来てくれた。ただ、辞めていくのも結構早かった。職人の世界というのは、私の時代もそうであったように、より良い条件を求めたり、ステップアップのために勤め先を替わることが珍しくない。また、同じくらいの力量の料理人を複数雇うと、それぞれのやり方がぶつかり合ってうまくいかないため、若手とベテランをうまく組み合わせないといけなかったり、料理の腕はいいが、クセが強くて接客に向かなかったりと、職人選びにも苦労することが多かった。

ある時急に雇っていた職人が辞めることになり、どうしても人手が足りなくなった私は、隠居生活をしていた師匠の織田先生に連絡を取り、助っ人に来てもらった。先生は「お前、師匠を使うとはたいしたもんじゃのう」と笑いながらも快く引き受けてくれ、若手のイサムらにもその技術を教えてくれた。若い頃は師匠のことがおっかないとばかり思っていたが、自分が雇う立場になってその苦労がようやく理解でき、私も若い人にいい影響を与えられる存在にならねばと、思いを新たにした。

新店舗移転から数年経った頃にうちに来てくれることになった池山君という職人は、30代の若手だが腕もよく、性格も穏やかで、その物静かな語り口は50代頃の長塚京三を思わせる、私にはない落ち着きを持ったキャラだった。例えばお客さんからおススメの魚を聞かれると、私なら、「はいよ！そうですねー、今日はいいタイが入ってます！これいきますか⁉」という調子でガンガン勧めるのだが、池山君の場合は、「おススメですか？そうですね…。お客さんがお好きなものでいいと思いますが…。ただ、今日のタイは、どこに出しても恥ずかしくないですね」と、大人のしっとりした口調でやたら説得力があった。当初はその大人しさが元気のなさに思え不安も覚えたが、仕事をさせると丁寧で正確な仕事ぶりで、残業や連休の忙しさにもへこたれない根性があった。

池山君はその誠実な人柄もあって、パートさんたちの信頼も厚く、長く勤めてくれるようになった。私は（ようやく定着してくれる職人ができたわ）と安堵していたが、彼には唯一といえる弱点があり、それが持病の「腰痛」だった。実は腰痛は、立ち仕事が主体の料理人には結構ある職業病で、私が若い頃一緒に働いた先輩や同僚にも、腰痛持ちは多くいた。池山君は我慢強い性格だったが、2～3カ月に一度くらい「すみません…。残念ながら動けません」と、静かなトーンで休みの連絡が入ることがあった。

そんなある日、常連さんの紹介で料理人経験のある若者を雇ってやってくれないか？との話があった。私としても、もうひとりくらい人手は欲しかったのだが、迷う部分があった。というのも、その若者は池山君と比較的年齢も近いため、果たしてふたりが上手くやれるだろうか？と考えたのだ。そこで池山君に意見を聞くと「そうですね…」と、最初は俯き加減に静かに語るため、反対なのかと思ったが、「それは常連さんのご紹介ですし、良い話なんじゃないでしょうか。自分は…賛成です」と分かりにくいが賛同してくれたため、面接をしてみることとなった。

それが後に、私やおか半にとって欠かせない存在となる、菊田君との出会いだった。

初めての面接の日。休憩時間に、菊田君はスーツでビシッと決めてやってきた。気合の入った眼光。短髪でちょっと剃り込みの入った髪型は、良くいえば筋の一本通った男といった感じだが、見方によっては「仁義なき戦い」に出てくるヒットマンにも見えそうな迫力だった。私も真剣に考える時ほど仏頂面になり、時々怒っていると勘違いされることがあるため、他人の人相のことを言える立場ではないが、採用する側の人間としては、お客さんにどんな印象を与えるかは気になるところだった。

「ちょっとコワそうじゃねえ」

タミコもそんなふうに言うため、（無愛想じゃなけりゃいいがのう…）と思いながら、面接をした。

「今日はどうも。わざわざ来てもらって。私が社長の岡崎です」

「はじめてお目にかかりますっ！ 菊田です!! この度はお時間を作ってもらっ

て、まことにありがとうございますっ!!」

(うぉっ…)

私は少しのけ反った。菊田君の声は元気を通り越して、うるさいくらいの爆音であった。タミコが、「まあ…リラックスしてください」と伝えると、

「ありがとうございますっ! こちらこそ、光栄です!!」

菊田君は自分が固くなっていると気づいたようで、頭を下げた後、頑張ってとびきりの笑顔を作っていた。相変わらず声はすごいボリュームで、ただ、笑った顔には中々愛嬌があり、先ほどまではヒットマンに見えていたが、よく見ると、若くした林家こん平といった感じで、今にも「チャラーン!!」と言いそうに見えてきた。

そんなこん平似の菊田君の話によると、彼は若い頃から料理人を目指して修業し、一時は広島市内で自分の店をやっていたのだという。しかし経営がなかなか軌道に乗らず、しばらくしてお店は借金を残して閉店。やむなく今は別の仕事に就き、借金返済を頑張っているとのことだった。

「それでも自分は飲食の世界が好きで! もう一度やり直して、お客さんを喜

ばせるような店を作りたいんっす！」

最初より２割減くらいの音量となったが、それでもまだ店中に聞こえる声で、彼は真っ直ぐ想いを語った。私はその話を聞き、自分も若い頃失敗ばかりしてきたことから、再チャレンジしようとする菊田君に強く共感を覚えた。

「こんぺ…いや、菊田君！　その夢に向けて、よかったらぜひうちで一緒にやりましょうや！」

「はい！　ぜひ!!　よろしくお願いしますっ!!」

こうして穏やかな池山君に続き、元気あふれる菊田君がおか半の仲間となってくれたのだった。池山君と菊田君は厨房でもとてもいい関係で、そのおかげもあって店は大きな宴会や繁忙期も対応できるようになり、売り上げは順調に伸びていった。

また、もうしばらく後のことだったが、商売を大きくしていく中で、経理や事務の担当者を置く必要に迫られるようになった。店が小さい頃は、私が20代の時に簿記３級の通信講座で身につけた程度の知識を頼りに、自分で帳簿のことなど片手間にやったり、ユノにアルバイトで頼んだりしていたが、次第にそれでは追い付かなくなり、

（こりゃ専属でする社員がいるのう…）と考えるようになった。しかし零細飲食店の事務正社員など、募集をかけてもなかなか来てくれる若い人は見つからず、事務員配置の件は我が店の長年の懸案事項となっていた。

そんなある時タミコから「実はちょっと相談なんじゃけど…」と話があったのが、義理の甥であるヨシヒコのことだった。ヨシヒコはタミコの妹の子どもで、マサアキとは年齢も近いこともあって仲の良い従兄弟同士だった。ちょっと気弱だが、イラストとギターが得意な青年で、よく親戚のマンガを描いては皆を楽しませてくれていた。彼は生まれつきアトピー性皮膚炎がひどく、長く服薬していたが、最近は薬の副作用症状に苦しむようになって入院することもあり、大学卒業後も定職にはつけず、自宅療養を続けていた。

タミコから、ヨシヒコが長い療養のため自宅にひきこもりがちになっており、家族との関係もギクシャクしていると聞き、（そうじゃ！ うちの事務員で来てもらえばいいんじゃないか⁉）と私は考えた。ヨシヒコは経済学部卒で、経理の基礎的な知識もあり、聞けば最近はパソコン教室にも通ったりしているという。イラストが得意というのも、店のチラシなどを作る際には武器になる特技だ。

「よっしゃ、ワシに任せとけ。あいつをヘッドハンティングしてくるけぇ！」

タミコにそう伝え、ある日私はヨシヒコにふらっと会いに行った。

「おう、元気しとるか？」

「…なんでガンス？」

ヨシヒコは昔から変な語尾をつけるクセがあり、飄々と話す雰囲気は変わっていなかったが、以前より痩せており、髪もボサボサで活気がなかった。

「お前、仕事したいとか思わんか？」

「…そりゃまあ。でもこんなひきこもり雇うところなんか無いじゃろ。もう終わっとるウホ」

「何を言うんか！お前は立派に大学まで出とるじゃないか。…実は今日は頼みがあって来たんよ。ワシもだいぶ年を取って、配達やら経理がしんどくなってのう。店も大きくなって事務仕事も増えたし。どうや、うちに来て手伝ってくれんか？」

「えっ、おか半でゲコ？」

ヨシヒコは半信半疑でうちで働きはじめたが、仕事に慣れていくうちに徐々に自信もつき、次第に体調も安定するようになっていった。ヨシヒコはその後、経理責任者兼販売促進の担当として、経理からチラシ作り、ホームページの作成などもしてくれるようになった。

今ではおか半に欠かせない人間として、事務部門を支えてくれている。

名物メニュー開発

人材の充実とともに、店は順調に繁盛したが、私は満足することなく新たなおか半の「名物」を作りたいと考えた。

移転オープン当時、うちの店は和食全般を扱っており、寿司・天ぷら・刺身・煮魚など、どれも味には自信があり、常連客の中では、若い層中心に天丼やカツ丼、とりのから揚げなどの評判がよく、年配層には天ぷらやタイのあら炊きなどがよく出ていたが、店の代名詞といえるような、誰もが「おか半といえばコレ！」というメニューが無かった。

実は名物の開発は若い頃からのテーマで、創業店時代は店の裏に生簀を用意し、生きたスッポンを東広島の養殖業者から直に仕入れ、スッポンのフルコースに取り組んだこともあったが、価格帯が高価なのと、好みが分かれるところがあり、注文があまり入らなかった。タミコもスッポンの首を落としておろす場面だけはどうしても苦手らしく、私がスッポンをさばきはじめると奥に引っ込んでしまい、なかなか仕事にならなかったこともあり、しばらくしてスッポンの名物化はあきらめた。

その後名物開発はなかなか進まず、私は方向性について悩んでいた。そんなある日、昼の営業を終えて皆でまかないを食べていた時のことだ。その日は余った野菜の天ぷらと、刺身の切れ端がおかずだった。

「おっ！今日は刺身も天ぷらもあるなんて、豪華っすねぇ〜！」

菊田君が相変わらずの店内中に通る声でニコニコしながらそう言うと、「あんまり大声で言わんのよ。残り物の野菜ばっかりなんだから」と、森津さんが突っ込んだ。するとタミコが「あら、どっちも食べられるなんて、ある意味贅沢よ。森津さんの揚げた天ぷらは最高だしね、池ちゃん?」とふり、「ほんまです。間違いないです」と池山君が頷きながら箸を進めるのだった。

そうやって、従業員たちがワイワイ言いながら食事をしている様子をほほえましく見ていた時、私はふとひらめいた。うちの定食で人気を二分するのが、自慢の活魚を使った「刺身定食」と、サクサクの揚げたてが味わえる「天ぷら定食」だ。どちらも定番商品で、一つひとつに目新しさはない。

(しかし、待てよ…)

もし、これを一度に食べられる定食を作ったらどうだろうか? 贅沢な願いを叶える、ちょっとお得な定食になるのではないか? 今でこそ、この手の「いろんなものが少しずつ食べられる」的な定食はよく見かけるが、昭和60年代頃の熊野町周辺には、まだそういう発想はなかった。私はこのメニューに『大名御膳』と名前をつけて売り出すことにした。もちろんヒントは商店街で行った大名旅行からだ。構想を皆に伝えると、通常の定食より高い値段にタミコからは「ちょっと高くないかね。それに職人のほうが大変じゃない?」と心配されたが、菊田君は「**大将、いいと思います!**

やりましょう!!**絶対いけます**!!」と、根拠は不明だがやたら乗り気になってくれ、池山君の方も「面白いんじゃないでしょうか。今の厨房ならできると思います」と賛同してくれた。

こうして、刺身に天ぷら、小鉢に赤だし、お新香とご飯をセットにしたおか半オリジナルの大名御膳は、販売を開始した。最初は私も初めての試みだったことから心配したが、週末のランチや夕食時を中心にどんどんと注文が入るようになり、大名御膳は瞬く間に人気メニューとなった。それをどこで聞きつけたのか、ある日中国新聞の記者が来て「記事にさせて欲しい」と言われ、新聞に載ることとなった。これまで店のメニューが新聞に取り上げられることなどなかったため、従業員皆で色めき立って喜んだ。特に菊田君は大喜びで、「**すごいことですよ、大将!ヨッシャアー**!!」と、両手を上げてガッツポーズを繰り返していた。その姿は、本家の林家こん平をしのぐ勢いであった。

新聞に載った効果はてきめんで、大名御膳目当てに行列ができ、ちょっとした町の噂にもなったのだった。

他にも私は新メニュー開発に取り組んだ。その中で生まれたものの中には、ロングセラーとなって今も我が店のメニューに残り続けているものもある。

店を移転オープンした頃、全国の寿司業界で「節分に恵方を向いて巻き寿司を食べよう！」というキャンペーンがはじまり、「恵方巻」という新たなネーミングまでついて、その波は徐々に全国に広がりはじめた。私は（これはええビジネスチャンスじゃ！）と考え、それまでも人気があった巻き寿司の材料や調理法を池山君や菊田君と見直し、かんぴょう・きゅうり・玉子・しいたけ・でんぶ・穴子それぞれが生きる味付けや、ベストなバランスを導き出した。また海苔とシャリの相性、巻き方にも工夫をして、時間が経って食べても口の中でお米がホロホロとほどける「おか半特製恵方巻」を完成させた。

さらに、この改良の過程で、煮穴子の良さをさらに活かしたメニューを考え、特製の出汁で煮た厳選穴子を贅沢に丸々一本使い、大葉と一緒に太巻きにしたその名も「穴子巻き」を商品化。こちらは煮穴子のフワッとした食感と、トロっとした旨味がしっかり味わえ、さらに大葉でさっぱり感も出て、いくらでも食べられると好評で、今でもお正月や節分の人気の商品となった。

　多くの料理人が「もっと美味しいものをお客さんに」との思いから、メニュー開発というものには終わりがないものである。私も若い駆け出しの頃から、ベテランになった今日まで試行錯誤を重ね、失敗も成功も経験してきた。料理というものには正解がなく大変だが、それだけ奥の深い世界だからこそ、私のような飽きっぽい人間でも長年追い続けることができたのかもしれない。

　おか半の名物作りも、その後総本店の立ち上げで新たな段階に入り、さらに進化していくことになっていった。

一念発起で学びの世界へ

　山川県議の後援会仲間とは皆仲が良かったが、中でも上原建設の社長夫妻とは家族ぐるみの付き合いをしていた。奥さんは何事にも興味を持って活動的で、勉強熱心。社長の方は親分肌で遊び好き政治好きといった性格で、ゴルフも上手だった。バブルがはじけ、建設業も厳しさを増していく時代。ある時その奥さんから、住宅メーカーのフランチャイズをはじめたいが、社長が賛成してくれないのだと相談を受けた。私たちは応援するから夫婦でよく話し合ってみては、と伝えた（後に奥さんはその想いを実現させた）。話がひと息ついた頃、奥さんが目をキラキラさせながら、「それより最近行った研修がすごかったのよ！ぜひアンタらも行ってきなさい！」「受講料はとりあえず払っておいたから！」と、熱心に勧めてきた。

詳しく聞くと、そこは企業の研修を専門にやっており、幅広くビジネスについての学びを提供しているということだった。私は勉強や学習に対する苦手意識があり、とりあえず遠慮してまずタミコに行ってもらうこととした。

すると、1日目の夜10時頃にタミコから電話があり、泣き声で「今まで一杯心配かけてゴメン…。たくさん支えてもらったのに。本当にありがとう」と、謝罪と感謝を伝えてきた。私は驚くやら、あっけにとられるやらで、（研修って何しよるんや？）（夫婦喧嘩は山ほどしたけど、こりゃあなんじゃ？）と、その夜はなかなか眠れなかった。

二日後にスッキリした笑顔で帰ってきたタミコは、私にもその研修にぜひ行くよう、強く勧めてきた。私は妻の変貌に唖然としつつ、半信半疑な気持ちで翌週その研修に参加した。

それが中小企業向けの研修事業を展開している、全国企業教育研究所の自己啓発をテーマにした研修会だった。それまでも私はいろいろな講演を聞いて感動したり、ためになった研修も受けたが、この時ばかりは心の底から、（自分はなんと自分勝手で、愚かな人生を送ってきたことか…）と思わされ、自己への気付きを得る経験をした。衝撃的な体験で、その後、本格的に学び直しをしていくきっかけとなった。

それからの私は様々なところで経営者としてのリーダーシップを学んだり、経営理念や中期経営計画など、経営のイロハを学べるセミナーや講座もどんどん受講していった。そこで私は、自分がそもそも「経営」ということをまったく理解できていなかったこと。自分の勘や思い付きで商売しており、会社にとっても最も大事な「理念」も「ビジョン」もなかったこと。会社はカマドの灰まですべて自分のものと思っていた感覚が大間違いであること。経営数値や財務といったことがまるで分っていなかったことなど、多くのことを痛いほど思い知らされ、全盛期のアントニオ猪木に頬をはり倒され、鼻っ柱を思いっきり折られたようなショックを受けた。

例えばゴルフでも、本当に上手くなろうと思えばレッスンプロを付けたり、教室に通うのが普通であるのに、最も難しい経営というものを、未熟な独学や感覚だけでやってきたことを猛省し、本格的に経営を学びはじめることにした。

そんな衝撃の中、その頃必死に通った研修で作ったのが、今のおか半総本店の経営理念「おいしさと、あたたかさをモットーに食の創造に取り組み、すべての人々に貢献します」と、当時の10年ビジョンである「10年後、安芸地区において地域1番店になる」だった。また、経営数値の分析に取りかかると、当時の税理士の作っている財務諸表が、税金を計算するためだけに作られており、「趨勢比」など、販売戦略やマーケティングの分析はまったくできない、お粗末なものだと分かった。中期経営計画を作るため、税理士事務所を変えることからはじめたが、古い体質の先生でその理解を得るのもひと苦労だった。

目標とライバル

10年ビジョンの「10年後、安芸地区において地域1番店になる」については、私なりに真剣に考えて出した本気の目標で、けして現実味のない謳い文句や、夢のような話のつもりではなかったが、商店街の先輩からは「そんなできもしないビジョンなんて。あの料理屋を抜けるわけないじゃろ」と厳しい現実を言われた。私は、「お金で地域1番という意味じゃないんよ…」と説明したが、理解してもらえず、ホラ吹き扱いで、タミコやジュンにも話すと、「確かにちょっとすぐには想像できんね」という感じであった。

熊野町は筆の生産で全国8割のシェアを誇り、地場産業も盛んで取引先も全国にあるため、飲食需要は周辺の町と比べると群を抜いていた。そんな町内には、魚屋で、仕出し屋で、料亭を兼ねている、老舗のモンスター店があった。その料亭の2代目は、夫婦ともに真面目を絵にかいたような人で、尊敬できる経営者だった。「とてもあの兄貴らの真似はできんな」というくらい、常に仕事一辺倒で、商売を順調に伸ばしていた。「地域1番店を作る」というビジョンを持ったからには、老舗モンスター店は他人からどれだけ笑われても、私の中でライバルである。これまで私には「にっくきライバル店」はあったが、経営の勉強をはじめたことで、生まれて初めて目標とする「尊敬できるライバル」ができた。大変だと思う反面、なんだか嬉しかった。とはいえ根が真面目ではないいため、その兄貴をそっくり真似することはできないし、真似では追いつくこともできない。そこで私は、ライバルとは違う方法で会社を成長させることを考えた。

「そうじゃ。ワシは勉強半分実践半分で行こう！」と、経営を学んで出した方針によって戦略・人材育成などのプランを立て、実践することとした。理念に沿ってビジョンを決め、そしてそのビジョンをもとに方針を明らかにするということを、社内外に発表していった。もちろんすぐに理解を得られるばかりではなかったが、たくさんの情報が集まってきた。

そうした中から、後に我が店の運命を大きく変えることになるコンサルタント会社と出会うことになるのだから、人生とは分からないものである。私が経営をイチから学び直すことに目覚め、理念とビジョンを定めて、尊敬できるライバル店にどうやって追いつき追い越そうかと本気で考えたからこそ、そんな運命的な出会いが待っていたのだと思わずにはいられなかった。

運命の出会いと、新たな挑戦

経営の勉強をはじめてしばらく経った頃、東京で興味深い研修会があり、参加することになった。一緒に参加した四国の中華料理店経営者はまだ30歳手前だったが、仲良くさせてもらっていた。彼は野心家で大きな計画を進めており、そのために気鋭のコンサルタント会社と契約していた。彼の話を何度か聞くうちに、私はそのコンサルタント会社の手法や理念にとても興味を持ったのだった。

講義の翌日、偶然半日時間が取れたため、私は研修仲間を誘い首相官邸に見学に行った。当時私が応援していた国会議員が官房長官をしており、「いつでも来てください」と言っていたのを真に受けて秘書に連絡すると、本当に迎えに来てくれた。生まれて初めて来た首相官邸を見て緊張し、私たちは内心ドキドキしながら衛視さんに案内してもらっていると、朝のぶら下がり会見を終えた官房長官が、記者を引き連れたまま、

「どうもどうも、岡崎さん！ ようこそ」と私を呼びながら近づいて握手してきた。

当然ながら田舎者でミーハーな私は、あっという間に鼻高々の気持ちとなった。お上りさん気分を満喫しながら官邸でお茶をした後、中華料理店経営者と共に、彼が契約している件のコンサルタント会社に向かった。これが私と「ＯＧＭ」との出会いだった。

当時ＯＧＭは日の出の勢いで、手掛ける店舗はオープンと同時に、その地域の1番店になるほどだった。運良く榊会長が在席しているということで紹介してもらい、面談となった。おか半の全容を手短に説明すると、会長はいきなり「ふ〜ん。儲からん店ばかりやっているねえ」と言うため、(なんちゅうことを…)と思ったが、会長から「今10店舗も持っている会社も、うちにくるまではおか半よりずっと小さい会社だったんや」と言われ、その気になり、私もＯＧＭに入会することにした。

飲食店を成功させる秘訣として、会長は「地域1番店を作ることや」「客席数は１００〜１５０」「投資金額1億2千万くらいかなあ」と言われ、そんな店考えたこともなかったので驚くばかりだった。

「先生、うちそんなお金ありませんよ」と言うと、「お金は銀行にいくらでもあるわいな。借りられる出店計画があればええのや」「それはうちが責任持つから、岡崎さんは僕が言う店、３店舗ほど視察に行って、どれが気に入るか見てくればええんや」と、話は早かった。

それから十日くらいで、名古屋地区の３店舗をタミコと視察に行った。それぞれのお店にはあらかじめ話がしてあり、経営者から詳しく説明を受けることができた。どんどん希望が膨らみ、熊野町に新店舗用地を探すことにした。しかし私が「ここなら」と思った場所はＯＧＭからＯＫが出なかった。なかなか町内で立地の良い広い土地が見つからず、途方に暮れていたところ、役場の関係者から情報を得た。それが現在のおか半総本店の場所だった。聞くとそこは「農地と住居地域を区画整理しようと調整区域に入れたが、地主との話し合いがまとまらない」というもので、ただし調整区域は解けないため、誰にも手が付けられないと思われていた場所だった。知り合いの不動産屋があそこなら話をまとめるよと言うが、正直私は無理だろうと考えていた。当時の私の知識では、調整区域というのは、住宅や商業施設などが建てられないなど、細かい規則が設けられているエリアという認識で、そんなややこしい場所では飲食店の開業など難しいだろうし、おそらくOGMが了解しないだろうと思ったのだ。それでも一応はと、OGM側に「調整区域だけど…」と用地の立地を送ると、なんと一発でOKが出た。

「調整区域ですよ？」と確認を取ると、榊会長から「調整でなかったらスーパーがとっくに取ってるわいな。地主も大手に貸したいし、調整区域に店を作るノウハウはOGMにはあるんや」「どんどん進めるように」との話で、出店担当のコンサルタントが乗り込んできた。地主は偶然にも私がよく知っている3人で、その中のリーダー格の人に私から「ここを4百坪借りたいんですが」と話すと、「3人で約8百坪あるけえ、皆借りてくれんか」と言われた。

知り合いの不動産屋が仲介に入ってくれ、無事妥当な金額での契約となった。建築許可が本当に取れるのかなと思っていると、ドライブイン申請（農地法5条）というものがあり、ドライバーのトイレ・休息場所を作るために許可が出るということだった。そんなわけで心配していた建築許可はあっけないほどあっさり取れ、改めてOGMのすごさを感じた。私とタミコの気に入った設計士が担当となり、コンサルタントによる出店計画、売り上げ計画もできた。1億2千万円を超える借入計画には、正直恐ろしさも感じたが、もうすでに話は歩きはじめていた。私はお腹の具合が不安になりつつも、自らに言い聞かせるように、（勉強して勉強して方向性は間違ってないし…）（店のビジョンにも一致しているんだから、やらない理由がないよな！）と心の中で何度もつぶやき、自分を鼓舞していた。

総本店誕生

新店舗「おか半総本店」はいよいよ実行の段階に入り、私は出店計画を持って地元の銀行を回った。どこも計画には興味を示してくれるが、1行8千万円くらいが限度で、協調融資（複数の金融機関が協同で融資を行うこと）には消極的だった。

そこでメインバンクとひざ詰め談判となり、何度も話し合いを重ねた。支店としては前向きに考えてくれたものの、本店の稟議が下りないとのことで、私がその理由を尋ねると、貸付課長が、「売り上げ計画の月1千2百万円というのが…。本店からは、今の熊野町では現実的でないのではないかと…」と言う。そこでOGMのコンサルタントに相談すると、「分かりました。こちらは全国で似たような事例を経験しているので安心してください。銀行が納得する資料を作りますよ」と、たくさんのデータが入った資料を作ってくれ、それを持って再度相談に出向いた。そこで私はOGMが作ってくれたデータを示しながら、根拠のある売り上げの可能性を説明し、「これまでの熊野にない店になるから、前例がないのは当然なんです！」「でもこの新たな挑戦で、熊野を元気にしたい。地域1番の店を作りたいんです！ どうか力を貸してください！」と、最後はいつものように、小細工無しに自分のまっすぐな思いをぶつけた。

するとと支店長が「分かりました岡崎さん。なんとか本店を説得しましょう」と言ってくれ、貸付課長とともに本店に何度も通ってくれた。その結果、融資計画はなんとか稟議が下りたのだった。今でもこのふたりには、本当に感謝している。

こうして資金調達の目途がつき、その次はいよいよ入札の段取りとなった。地場の建設会社数社と、応募してきた設計事務所の5〜6社で入札となったが、約1億円の建設費で最大2千万円ほどの差があり、こんな規模の仕事を経験したことがない私にとっては、これもまた驚きであった。

工事に入ると埋め立て・建設の規模の大きさにさらに圧倒され、よい夢と悪い夢を1日おきに見るような心持ちだったが、そのうち考えなくなった。感覚がマヒしたのかもしれないが、それ以上に開店準備が本格的となり、そちらを考えるので目一杯になったのだ。フードコーディネーターや池山君、菊田君らスタッフと相談しながらのメニュー作り、従業員の募集、教育訓練など、これまでの店とはまるで違う規模と内容だった。ＯＧＭから各担当のコンサルタントも来て、どんどんと話は進み、私とタミコは毎日初めての経験をしながら目まぐるしく準備をしていった。

年明けから土地の造成に入り、７月末頃がオープンと決まった。建物が姿を現してくると、自分の中でより現実的となり、武者震いと共に不安感も同時に湧き起こった。

（これでもし店がうまくいかんかったら…わしは破産じゃの）

そんなふうに悪い考えが頭をよぎることもあったが、追い込まれると反発する性分もあって（まあ、その時はその時よ。別に命まで取られるわけじゃないわい！）と開き直り、腹を括る心持ちに至るのだった。

おか半総本店は当時の地域にそれまでなかったような大型店で、オープンの噂は次第に広まり、順調にスタッフも集まった。ＯＧＭによる教育訓練もプロのやり方で、さすがに全国で実績を残していると思えるものだった。菊田君も「**さすが東京の会社は違いますねえ！　僕も負けてられません!!　がんばりますよお!!　ヨッシャアー!!**」と、どこに向けるつもりか分からない気合を入れていた。

無事レセプションが終わり、ついに平成15年7月30日、午前11時におか半総本店はグランドオープンとなった。店は開店初日から大盛況。店の前には入店待ちの行列ができ、ウェイティングリストの名前は途切れることなく書き込まれていった。私たちはてんやわんやで来店客をこなし、お昼だけで殆ど仕込んだ食材が無くなった。休憩無しで次の仕込みと夜の準備をし、17時に夜のオープンをすると、ラストの22時には準備したすべての食材がカラになるという調子で、これまで経験したことのない忙しさだった。

それからは毎日この繰り返しで、スタッフもさすがにバテてきた頃、担当コンサルタントから秋の勉強会がハワイであるので参加してほしいと話があった。私は「それどころじゃないし、お金も無いです」と返事したが、担当者は「今月いくら売ったら行ってくれます？」と食い下がってきたため、銀行に出した当初目標が1千2百万円だったので「じゃあ1千5百万」と、いい加減な返事をした。すると担当のコンサルタントは「じゃあ行けそうなので、申し込みましょう」と言うため、（何を言っとるんじゃこの人は？）（大体この忙しさで、それどころじゃないわい）と思い、本気で相手にしなかった。

お盆前の8月13日。店長をさせていたジュンから「このままじゃスタッフが持たんよ。皆疲弊しきっとる」との話があり、菊田君からも「**大将！ さすがにマズイ！ マズイ状況です！ 職人から不満が出てます！**」と、珍しく泣きが入ったため、榊会長に相談すると、「じゃあ15日だけ休みなさい」と助言を受け、お盆の休日を一日だけ取った。私も両親の墓参りだけはすることができた。16日から営業再開。店は変わらず大繁盛で同じ状態が続き、8月25日頃には再び皆バテバテになってきた。

榊会長に電話すると「よし！ 月末にもう1日休みなさい。しかし今度は休むだけではダメ。近くのビアガーデンでも貸し切って、皆を連れて行きなさい」とのことで、知り合いのビアガーデンに頼んで50人の席を確保し、送迎バスに乗り込んだ。皆で美味しいビールと食事を堪能し、こうして8月をなんとか乗り切ったのだった。

地域1番店が見えた！

1カ月が経過し売り上げを締める日が来た。私は期待と不安で胸がいっぱいだったが、周囲に悟られないように、気にも留めていないそぶりでいた。すると夕方になって経理担当のヨシヒコが大慌てで飛んできて、「社長！ヤバいゲコ!!」と、カエルの悲鳴のような声をあげるため、私はドキッとし「どうした?まさか目標の1千2百万超えんかったんか?」と聞くと、「違います！超たでガンス！に、2千5百万!!」

「なに？2千5百万!?」

目標を超えている自信はあったが、まさかその倍以上という信じられない数字だった。私は思わず夢じゃないかと疑い、ヨシヒコから書類を取り上げて自分でも確認したが、間違いなく8月の売り上げは2千5百万円を超えていた。高い売り上げが予想される二日間を休んだにも関わらず、こんな数字が出たことに私は衝撃を受けた。ＯＧＭの担当者は「これでハワイ決まりですね」としたり顔であった。

９月からはさすがに毎月２千５百万円とはいかなかったが、半年以上２千万円を下回ることはなかった。おかげで仕事は毎日のように忙しく、職人もパートやアルバイトもヘトヘトになったが、この結果は大きなモチベーションとなった。私は（不安もあったが、やっぱりわしの選択は間違っていなかった！）と自信を深めた。売り上げが良いのはもちろん、社員に報いることができるので嬉しかったが、それ以上に多くの地域の方に評価してもらえたことが、本当に嬉しかった。そんなある日、メインバンクの貸付課長が興奮気味にやって来て、「これで本店に大きな顔ができますよ！」と大変喜んでくれた。その後貸付課長は、熊野支店から格上の愛媛県松山支店の課長に栄転したと聞いた。

おか半総本店は、開店後数年間はＯＧＭの全国ランキング規模別業種別集計で、常に30位あたりをキープしていた。会員の中でも人口２万５千人規模の町では突出しており、視察や研修のために、たくさんの人が来店した。特に広島で初めて関東で売れているメニューを投入した店ということもあり、地域の飲食店にも少なからず影響を与えたようで、同業者の来店も多かった。その後周辺地域では、うちの店のメニューと似たようなメニューを出す店も現れた。

担当コンサルタントとの約束もあり、私は10月のハワイでのＯＧＭ事例研究会へ参加することとなった。当初は店のことが気がかりで、あまり気乗りしなかったものの、いざハワイへ到着すると私の思考は一変した。ハワイでは、飲食サービスの先進地のすごさに驚かされる毎日で、朝から晩まで様々なジャンルのレストランを回った。中でもワイキキハレクラニホテルのサンデーブランチは、世界中のあらゆる料理が並び、欲しい料理を頼むとコックが目の前で取り分けてくれるという、当時最新の「食のエンターテインメント」で、（いつかうちの社員も連れて来て、見せてやりたいのう！）と思った。

帰ってから私は、自分が感動したことを社員に感じてもらうには、実際に見せるのが一番と思い、毎年東京研修を行うこととし、調理スタッフやホールスタッフを連れて行った。東京には世界に通用する和洋の飲食店が沢山できており、勉強には事欠かなかった。ＯＧＭはそんな地域1番になり得るお店を全国各地でたくさん作って業績を伸ばしており、私も全国の事例研修会へ出向いて食べ歩き、各地の地域一番店の経営者とたくさん知り合いになった。そうしたつながりは大変楽しく刺激的で、この頃の私は、この職業を選んだことの喜びを最も強く感じることができていたように思う。まさに絶頂期といえる時期だった。

新名物完成

おか半総本店は順調な滑り出しを見せ、地域の人に愛される店へと成長していった。土日休日は入店待ちが当たり前となり、平日でも混み合うことがよくあった。旧おか半時代の売れ筋である寿司、天ぷら、刺身を引き継ぎつつ、ＯＧＭからの助言を受けて大幅にメニューをアレンジし、刷新していった。例えば人気のあった「鶏のから揚げ」をそれまでの手羽元の骨付き肉から改良し、ももの骨なし肉を使って南蛮酢で味付けした「鶏のやわらか南蛮揚げ」や、自慢の豆腐に特製味噌と濃厚なチーズをのせてオーブンで焼いた和洋ミックスの「豆腐の味噌チーズ焼き」など、これまでの田舎の料理屋の素朴で美味しいが、どこか単調な内容から、もうひと工夫くわえたオリジナリティや斬新さをプラスし、より多くの人へ喜ばれるものを追求していった。

その中でも新メニューの目玉となったのが「レインボーロール」である。これはもともと関東圏で話題となっていた商品をOGMに紹介され、それをヒントに池山君や菊田君、イサムら若い職人の視点も加えながら開発した創作寿司だった。これまでおか半であまり使うことがなかったアボカドやサーモン、マヨネーズなどを採用し、洋風のテイストや見た目の鮮やかさも意識した。そこにおか半伝統の自慢の玉子焼き、瀬戸内のタイやイカなどの新鮮な魚介を加え、海苔で巻いたカリフォルニアロール的な寿司で、当時の熊野町周辺で見かけない、都会の空気を感じさせる寿司となった。

見た目も華やかで、私は（これは総本店の看板メニューのひとつになるで！）と自信を深めたが、贅沢をいえばもうひと工夫、おか半らしさというか、うちにしか出せない味わいがあれば…と考えた。

池山君と菊田君にも聞いたが、「そうですね。充分勝負できると思いますが…。味が強めなのでちょっと最後単調になるのが心配…くらいですかね」「**これは斬新で美味しいですよ！　え？　もうひと工夫ですか…。ちょっとだけさっぱり感とか出たらどうですかね？**」と、決定打はなかった。だが話に出た「単調」「さっぱり感」といった言葉は私の中に残り、それからしばらくグルグルと考えを巡らせる日が続いた。

そんなある日、テレビのニュースで、広島県が国産レモンのシェア日本一との話題を偶然見た。今でこそ「広島＝レモン」は有名だが、当時はまだあまり注目されていなかった。だが言われてみれば確かに、瀬戸内海の島々には段々畑が広がり、ミカンなどの柑橘類の栽培が盛んなことは、県民の常識だった。（そうか、レモンもか…）と、何の気なしにニュースを見ていたが、その時ハッと私は閃いた。

（…さっぱり感。そうか、レモンじゃ！　レモンをかけてさっぱり感を出す！）（いや、それだけじゃマヨネーズが主体の味が次第に単調に感じる…。塩味を使うのはどうか？　ステーキでも結局シンプルに塩が一番美味い。塩とレモンの相性は抜群じゃし！）（ん？　そうか、塩レモンにするなら、ステーキじゃないが、一部をバーナーで炙ったら？　旨味を出すのと味と食感の変化を生む！　これなら単調さも解消できるし、幅

広い年齢層にいけるんじゃ⁉︎）

さっそく職人チームで何度も試作品を作って研究した。その結果、おか半の新名物レインボーロールは、マヨネーズと醤油の味わいをベースにしながらも、3分の1ほどは上からバーナーで炙ってあり、塩とレモンでさっぱり食べるという、一度で様々な味が楽しめる商品となった。

「さすが大将。こんな寿司食べたことありません！」いつも冷静な池山君も興奮気味に完成を喜び、「**大将！ 香ばしさも、まろやかさも、ネタの新鮮さもバッチリです!!**」と、菊田君も大満足であった。

今でもこのレインボーロールは、店の看板メニューとなっており、幅広い年齢層のお客さんに愛されている。

さらに私は、この広島のレモンから着想を得た経験から、これまであまり知られていなかった地元の美味しい食材を多くの人に知ってもらいたいという思いが強くなり、人づてに生産者を訪ねては直接買い付け、「美味しい地物」を店のメニューに投入していった。

安芸津のじゃがいもやタコにハモ、福富のゴボウ、東広島のアスパラ、熊野の黒大豆、庄原のお米など、県内の魅力あふれる素材を揃え、お客様に提供することは、地元の店にしかできない強みであり使命でもあると考えた。

また広島といえば瀬戸内海の食材は欠かせないもので、タイやメバル・ハギ・カサゴ・アナゴなどはよく使う食材だった。アナゴは特に広島では、宮島の「あなごめし」が有名で、美味しいお店もたくさんある。うちの人気商品になった「穴子巻き」は煮穴子だが、あなごめしは穴子の出汁や醤油などで味付けして炊いたご飯に、タレをつけて焼いた穴子を乗せて作るのが一般的だ。おか半総本店のメニュー開発でも、地元の美味い物という点でアナゴは大変魅力的な食材だったが、「穴子巻き」以外の展開がなかなかできずにいた。

（なんとかアナゴを活かしたメニューを他に作れんかのう…）

そんなある時、私はヨシヒコと出先で宮島のあなごめしを食べる機会を得た。

「いや～、あなごめしはやっぱ間違いないでガンス！」

「（相変わらず緊張感がないヤツじゃ…）うん、名物になるだけあって、美味いのう」

焼きアナゴの香ばしさと、タレの甘味。ご飯にも出汁で旨味がしっかりついており、冷めてもご飯が固くならず、長く愛されてきた理由が分かる味だ。

「でも僕はやっぱり温かいのがいいなあ。あと、うちの穴子巻きのアナゴの方が、柔らかく感じるでゲコ」

「そりゃあ、調理法が違うけえの。焼きアナゴはパリッと香ばしくて歯ごたえがええ。穴子巻きのは煮穴子じゃけえ、フワトロ感があるよの」

ヨシヒコにそんなことを説明しながら、私は改めてアナゴを使った新メニューのことを考えていた。焼き穴子と煮穴子。両方の良さを引き出す方法はないものか…。

「そうじゃ、ヨシヒコ！焼いて蒸すんじゃ!!」

この時私が思いついたのが、あなごめしの調理法をベースに、焼きアナゴをせいろで蒸して提供する「穴子せいろ」というメニューであった。アナゴを焼くだけでなく、蒸すことで身のふっくら感を出し、「パリッ、フワッ、トロッ」という三つの食感と味わいを生み出す。さらに固形燃料で温めながら提供することで、出汁で炊いた旨味のあるご飯と共に、特製ダレのかかった穴子のどんぶりとして、ずっとアツアツで食べられる仕組みだ。くわえてレインボーロールの時もそうだったように、味の変化をつけることとし、途中からはひつまぶしのように特製ダシ汁をかけ、ネギ・ごま・ワサビなど、お好みの薬味をかけて、お茶漬けのようにして楽しめるものにした。

こうして、おか半総本店の名物「穴子せいろ御膳」は生まれ、メニュー化と同時に大好評となり、今でも長く愛されて、おか半総本店を代表する看板料理となっている。ただ、ここ最近は温暖化の影響か、良いアナゴが広島でなかなかとれなくなってしまい、今では長崎県からも仕入れるなど工夫している。サンマの不漁など、環境変化による水産資源の移り変わりはとても激しく、飲食店にとってとても大きなリスクとなっているように感じる。

人材育成と地域貢献

総本店の大盛況は嬉しい限りだったが、思わぬアクシデントも起きてしまった。オープン時の猛烈な忙しさの中で、頼りにしていた池山君が持病の腰痛をひどくし、退職することになってしまったのだ。池山君は無念を口にしていたが、健康に代えられるものはなく、療養のため郷里の山口へ帰っていった。その後彼は腰痛と付き合いながら、しばらくして地元で飲食の仕事を再開したと聞き、嬉しかった。

また店長をしていた長男のジュンはしばらくして、「実はもっと小さなこだわりのある創作料理店がやりたいんよ…」と言い出し、自分の夢を叶えるため、市内で小さな店を夫婦ではじめた。

イサムもユノと共に独立し、元おか半があった佐藤さん所有のテナントで、新たな飲食店をはじめた。

それぞれに事情があり、職人の世界では弟子が巣立って行くのは仕方のないことではあるが、料理人の安定的な確保は、店にとって常に重要な課題であり続けた。ちなみにジュン夫婦は10年ほど創作料理店をやった後、違う道に進み、今では孫もできて夫婦円満に暮らしている。

出会いと別れがつきものなのは料理人だけでなく、おか半にパートやアルバイトで来てくれていた人たちも、時間の経過とともに様々な理由で入れ替わっていった。パートの中でも古株で最も頼りにしていた、天ぷら名人の森津さんも、総本店に替わってしばらくしてから、「大将、私も歳じゃけえ、あとは次の人らに託しますわ。大丈夫。もう若い子らがしっかり育っとるよ」と、引退してしまった。寂しくはあったが、森津さんの言う通り、総本店になって規模も１００席以上の大型店に変化したこともあり、新たなパートさんたちも多く採用した時期で、ＯＧＭによる教育訓練を受けた新戦力の中には、その後のおか半を支えてくれる人たちが育っていた。たかがパート・アルバイトと思うなかれ、うちのような小規模のサービス業にとって、直接お客さんへ関わるパートさんたちはまさしく「店の顔」であり、重要な戦力である。この人たちの振る舞い次第でお店の評価が変わるため、パート・アルバイトの質は死活問題であった。

また、最近はどんな業界でも、社員の離職率や教育研修が課題といわれ、それはおか半でも同じであった。ただうちの場合は、女将のタミコが三蔵法師ばりの優しさで従業員への気配り・目配りをしてくれることもあり、パート・アルバイトの人でも長く続けてくれる人が多いのが強みだった。

総本店開店の頃から来てくれている女性パート社員の二階堂さん、須原さん、佐野さんの3人は、その後20年近く我が店の中心となっているメンバーで、それぞれホール・事務・キッチンの現場で欠かせない存在となっていた。私は密かに、(桃太郎に例えるなら、イヌ、サル、キジの忠臣トリオじゃな)と思っていた。

そのひとりである二階堂さんは、タイプ的には明るく元気なサルといったところで、ホールスタッフのリーダー的存在である。いつも笑顔でよく通る声でお客さんを迎えてくれ、その場を明るくする力がある女性だ。二階堂さんは4児の母ということもあって、少々のことには動じないところがあり、私が時に現場の思いに気がつかず独断で物を進めようとしたり、女将に理不尽なことを言ったりすると、「ちょっと社長!それは違うんじゃないでしょうか」「私は店のことを大事に思うけえ、言いますよ」と、私にも物怖じせず、真っ直ぐ「間違っている」と指摘してくれる人だった。そんな時の二階堂さんは、どこか私の母や姉とかぶるイメージがあり、私はそういう肝っ玉母さん的な女性には滅法弱いため、「うん、うん。そうじゃの。うん…」と話を聞きながらも、面と向かっていられなくなり、背を向けて厨房入り口の暖簾に顔を近づけ、厨房内を気にするようなふりをしてやり過ごすのだが、すぐに「ちょっと社長！背中で聞かない！大事な話です」と逃がしてもらえないのだった。

二階堂さんの少し後に入ってくれた須原さんは、真面目で義理堅く、愛犬家ということもあってイヌタイプだと感じていた。もともとホールで働いてくれていたが、細かいところにも気が利き、簿記の資格も持っていたため、ヨシヒコから「僕ひとりではキツイんで、須原さんに事務に来て欲しいでガンス！」と請われ、途中から経理などの裏方仕事に回ってもらった。須原さんはホールの仕事もよくできたが、パソコン操作にも慣れており、それまで昔ながらのアナログなやり方だった仕出しの予約や、店のポイント会員の管理システムを改善してくれるなど、ヨシヒコの良き相棒として事務の効率化を進めてくれた。また時には私の秘書的な役割も担ってくれ、後にネットサイトで販売をはじめた「社長特製タイのあら煮だし」などの商品販売の管理など、私の仕事のサポートもよくやってくれた。

そのため須原さんは、私の思い付きに一番最初に振り回される立場であった。私は常に夢中になるものに取り組み、挑戦しないではいられないため、何かをする時には須原さんにまず説明をすることが多かった。須原さんは大抵のことは「分かりました」

と受け入れてくれるのだが、時に度が過ぎると、「社長、今それどころじゃないですよ！」と、ヨシヒコと共に全力で止められることもあり、彼女の意見に耳を傾けることは多かった。

ある時タミコが、「ごめんね。さんざん振り回されて大変じゃろう？」と声をかけると、「そうですね（笑）でも社長が考えているのは、いつも『店のため』『熊野のため』なんです。それが分かるから、信じられるというか」と話してくれたとのことで、店への真っ直ぐな想いには、感謝しかなかった。

キッチン担当の佐野さんは、一見控えめで優しい人だが、強い芯を持った女性で、実は闘志を秘めているようなキジタイプの人だ。彼女は長くおか半のスイーツ担当をしてくれており、これまでもたくさんの人気商品を手がけてくれた。最近また新たな商品を開発し、地元熊野町で１３０年以上続く造り酒屋・馬上酒造の銘酒・大号令を使ったバターケーキを作り、地元のテレビでも取り上げられた。他にもうちの店では、できる限り既製品ではない、手作りのデザートを売りにしており、佐野さんを筆頭としたスイーツ担当のスタッフによる「手作りコーヒーゼリー＆バニラアイス」や、温かいさつまいもスイーツとアイスを組み合わせた名物「いも娘」など、人気のデザートが多いのだった。佐野さんはいつも朗らかで落ち着いた雰囲気の持ち主だが、決して頼りないなどということはなく、どんなことでもキッチリやり通す強さがあり、その胆力には皆が一目を置いていた。

例えば盆や正月で店が忙しいと、誰もが余裕がなくて多少ピリピリしてしまうことがよくあるのだが、佐野さんはいつもと変わらない様子でニコニコと仕事をこなしており、私は、(サザエさんのフネさんみたいな人じゃの。静かに笑ってるが、実は波平よりも強いのは、こういう人よ）と感じていた。

小さな店でも開業から50年もやっていると、積み重ねていけば本当に多くの地元の人がお客さんとして、あるいはスタッフや関係者として店に関わってくれているもので、それだけ町に雇用の場を作り、集い、つながる場を提供できていることは、数少ない私の誇れる仕事のように感じる。そんな歴史の中では、意外なつながりもできるもので、例えばある時アルバイトに来てくれていたノリエちゃんという女子高生は、真面目でフレンドリーな子で、お客さんや他のスタッフからの評判も良かった。お母さんは歌のうまい人で演歌歌手をしていた時期もあり、私も商店街のイベントで来てもらったことがあった。

そんな彼女が一度だけバイトの時間に遅れそうになり、当時勤務中は禁止にしていたマニキュアをつけたままで、慌てて他の女性スタッフに「すみません！ 除光液持ってたら貸していただけますか？」と頼んで、バイトに入ることがあった。マニキュアの訳を聞くと、好きで音楽をやっているとのことで、ステージメイクで付けたのを取る間もなくバイトに来たとのことだった。その子がアルバイトを卒業して間もなく、熊野町出身の姉妹デュオ・Ｍｅｂｉｕｓ（メビウス）としてデビューしたことは、須原さんから聞いて知った。

「社長知らないんですか？ インターネットのオーディションでグランプリとって、今すごいんですよ！町中で知らない人はいませんよ！」

「おお、そうなんか。さすが、お母さんの血かのう」

私は若い人の音楽のことは分からないが、その後も時々テレビにＭｅｂｉｕｓが登場することがあり、頑張っている姿を見せてくれると、何だかこちらも嬉しくなった。

後に熊野町で災害があった際には、チャリティソングを町の復興イベントでも歌ってくれ、地域にとってもありがたい存在になってくれている。

職人チームでは池山君とジュンとイサムが卒業となったが、残った菊田君が新たなメンバーを引っ張ってくれ、どんどんと頼もしい存在に成長していった。私も菊田君を幹部候補とし、任せる仕事を大きくしていき、調理場の責任者からアルバイトやパートへの教育指導担当、新店の支店長へと格上げしていった。菊田君は声の大きさだけでなく、情熱とエネルギーも大容量で、しかも私と違ってこまめに動ける人間だった。共通するのはイベント好きなところで、会社の旅行では率先して盛り上げ役をやってくれる、ムードメーカーでもあった。

そんな職人チームとパート・アルバイトの人たち、そしてヨシヒコら事務チームとタミコと私が乗組員となり、おか半総本店という船は、時に荒波にもまれながらも、多くのお客さんや応援してくれる人のおかげで、順調に航海を続けていくことができた。

おか半総本店ができてしばらく経ち、私は（何か地域に恩返しがしたいのう）と考えるようになった。商売をするようになってから世話になった人もそうだが、非行時代に迷惑をかけた人など、私に関わってくれたたくさんの人に少しでも貢献できればと考えたのだ。とは言え、何をどうすればいいかが分からず、迷った私は菊田君に意見を求めた。

「そうですね！ やっぱり社長が得意なこと、好きなことで感謝を形にした方がいいんじゃないですか!?」

「わしが好きなこと？…そうじゃのう。好きなことと言えば、食べること、歌うこと、バイク、旅行、お祭り、映画とか…」

「それです！それ！」

「それって、お前…映画か!? わしの映画を熊野で撮るってことか？」

「違いますよ!! お祭りです！ 大将はイベントの企画とか、商店街の時もやってて得意じゃないですか!!」

こうしておか半の夏の一大イベント、『おか半祭り』が誕生することとなった。

確かにお祭りは、私の好きな心躍るものであり、子どもの頃からイベントの企画は得意中の得意であった。

（これなら地域の皆に恩返しができるわ！）

私は菊田君と共に構想を練り、8月の店休日に、総本店の広い駐車場を目一杯使ってお祭りをすることにした。定番の焼きそばやタコ焼き、焼き鳥にかき氷やビールの屋台はもちろん、おか半らしく刺身や魚の塩焼き、人気の巻き寿司なども販売する。さらに子どもが喜ぶ輪投げや光るオモチャなどの屋台も置き、ステージでは地元のダンスチームやアマチュアバンドのパフォーマンスに、来場者皆で参加できる福引大会や、スイカ早食い大会などを企画した。さらにこのお祭りは地域への恩返しが目的のためチャリティーとし、売り上げは全額、熊野町の社協や、仲良くしている地元の障害者施設「障害者活動センターあゆみ」へ寄付することとした。

ただ、『おか半祭り』実現にはいくつか課題があった。ひとつは提供する食材や商品のことで、地域貢献のためとはいえ、すべてをおか半が負担することはさすがにしんどい。そこで取引業者に協力協賛してもらうことを考え、その交渉をして欲しいと、ヨシヒコと須原さんに相談した。ふたりは事務仕事の合間を縫って取引業者に声をかけてくれ、多くの業者が「おか半さんのためなら！」「そういうことなら、協力しましょう！」と、余った食材や様々な商品を提供してくれた。

次の課題は祭り当日のスタッフで、普段の営業なら、従業員の皆に声をかけたり、新たなスタッフを賃金を払って募集すればいいが、チャリティーでやる以上、基本的にはボランティアで運営に参加してくれる人材を集めなければならない。そこでホールリーダーの二階堂さんとキッチンの佐野さんに、おか半祭りの構想を伝え、「地域への恩返しのお祭りをしたいんじゃ。ついては従業員の皆には強制はできんが、ぜひボランティアで手伝ってもらいたいんよ！」と、ストレートに私の想いを伝えた。すると二階堂さんは「気に入りましたよ社長！もちろん祭りの後は楽しい打ち上げですよね！」と応じてくれ、佐野さんも「いいことだと思います。私も手伝わせてもらいます」と賛同してくれた。ふたりが他のパートやアルバイトにも声をかけてくれたおかげもあって、ほぼすべての従業員が当日の運営を手伝ってくれることになった。

こうしてはじまったおか半祭りは、回数を重ねるごとに地域でもお馴染みとなり、子どもから大人まで楽しみにしてくれるイベントになった。新型コロナの影響で中止となるまで、実に14回も開催できた。菊田君は会場準備から運営、企画にとフル回転で動いてくれた。またステージでは大人気の福引大会のＭＣもこなし、「**それでは次いきますよ〜!! 今度の商品はコレだ!!**」と、マイクいらずの地声で会場を盛り上げていた。

二階堂さんはビール担当で、「今日だけ特別大サービス！ 若女将・二階堂が入れた生をどうぞ〜！」と声を張り上げ、「誰が若女将よ！ 若頭かなんかの間違いじゃろ！」と、隣の焼きそば屋台の須原さんからツッコまれていた。

佐野さんはいつもの優しい笑顔でかき氷を売り、ヨシヒコは子どもたちにからかわれながら輪投げ屋で奮闘。タミコも若い従業員たちにお礼の声をかけたり、遊びに来た元従業員の子たちの近況を聞いていた。

そんな我が愛すべき従業員の姿と、喜ぶお客さんの笑顔を見て、私は（こりゃ、わしへのご褒美でもあるのう…）と、満たされた気持ちで一杯になっていた。

祭りが終わった後は、参加スタッフ皆を労うため、私が前日から準備した「社長特製おでん」を振る舞い、大打ち上げ大会をするのが楽しみだった。従業員皆で食べるおでんの味は格別であった。

2024年2月

家族の章　その4

「ライゾウさんとの思い出ねえ〜。急にそう言われると、なかなか出てこないもんね」

この日僕は熊野団地内にある、姉夫婦の営む飲食店「和木《やわらぎ》」に来ていた。すでに昼の営業時間は終わり、お店は準備中の札を出している。お客さんのいない店内で、僕と姉はふたりで向かい合っていた。もうひとり参加者がいたけれど。

「…そうじゃの。パッと出てこんもんよのう」

きょうだい3人で話した方が、何かと思い出せるのではないかと、この日僕は兄のジュンも来るように誘ったのだが、兄は在宅ワークが忙しいとのことで、電話での参加となった。そのため、ハンズフリー通話にしてテーブルの上に置いた僕の携帯から、ちょっとだけ間を空けて兄の声が返って来ていた。

12月に母や兄姉の賛同をもらい、父の自伝プロジェクトは本格的に動き出していた。僕はネットで見つけた「ぞうさん出版」という、世界一田舎にあるファンキーな出版社を謳うその会社に、家族の了解をもらってすぐ、父の自伝の原稿データを送ったのだった。ただその時はまだ正直半信半疑で、（本当に返事がくるのかね…）と、半分他人事のようにボンヤリ考えていた。

ところが、意外にも翌日には社長のウエダさんから電話があり、「岡崎さんの原稿読ませてもらいましたよ！　面白いです！　ぜひ前向きに考えましょう！」との返事をもらった。あまりにあっけなくOKが出たので、僕は逆に心配になり、慌ててぞうさん出版や社長のウエダさんをネットで検索したが、出てくる記事は怪しく破天荒なことは書いてあるものの、どうも悪意のある会社ではないように思えた。

僕は次の休日に父の病院へ行き、「父さん！　出版社の社長が『面白い！』って。ホンマに本にできるかもしれまへんで！」と報告した。

元来大きな目の父は、病を得てからは筋力が弱ってまぶたをしっかり開けないため、試合に負けた翌日のボクサーみたいな目元のことが多かったが、この時ばかりは元気な頃に負けないいくらい大きく目を見開き「おぉー！」という顔をして喜んだ。

その後ウエダさんからは「岡崎さんの話は読む人に勇気を与えると思います！ただ、今のままでは分量が足りないので、もう少しエピソードを加える必要がありますね」と言われた。僕は父と相談し、父や家族からさらにエピソードを集めて僕が文章化し、それを父に聞いてもらって修正しながら原稿作成を進めていくこととした。そんなわけで父母はもちろん、兄や姉、親戚のタツヒロおじさんやユウカ、お店の従業員さんまで、最近はいろんな人に話を聞いて回るのが、僕の仕事となっていた。

「わしの中では、やっぱりモトクロスの思い出が印象的じゃのう」

「そうだろうね。ユノさんはどう？ なんか思い出すことある？」

「そうじゃねえ。中高生の頃、時々お腹の調子が悪くて学校に車で迎えに来てもらうことがあったけど、『おか半』ってデカデカと書いてある保冷車で来るから恥ずかしくてねー」

「保冷車での送迎あったねえ〜。そういえば僕も高校に迎えに来てもらうのに、待っても待っても来ないことがあって、1時間くらいしてようやく来たら、ジュウベエと一緒に来てさ」

「え？ あのバカでかい雑種の？」

姉がそう言うと、すかさず兄が「それはお前コロじゃろうが。ジュウベエは、血統書付きじゃけど、ちょっとおバカな柴犬の方よ」と訂正した。

「そう。おバカなアイツ。父さん、オシャレな感じにしたかったんだと思うのよ。

よく外車とかに大型犬が乗って、窓開けて風を受けてるとかあるやん」

「そういうイメージ先行好きよね～、お父さん」と、姉が笑いながら共感した。

「そうそう。でもジュウベエのリードを車内で繋いで、窓開けて走ったら、バカだから興奮して、走行中にジュウベエが窓から飛び出しちゃってさ。でもリードで繋がれてるから、車体の横で宙吊りになっちゃって…」

「あー、あの後ろ足ケガした時？」

「そう。車のタイヤに巻き込まれて後ろ足ケガしちゃって。『ギャンッ！』って。驚いた父さんが車停めて『大丈夫か！』って助けようとしたら、ジュウベエもパニックだから、思いっきり父さんの手を噛んじゃって」

「可哀そうにのう…。もちろん犬が。ッフフ」

「高校で待ってたら、ようやく来たのが、血だらけの犬と、血だらけの父さんで。保冷車は元々魚臭いのに、血の匂いやら、ビビったジュウベエがウンコもシッコもしちゃって…。あれはカオスだったわ」

「災難だったね。3人とも…」

姉は顔をしかめて同情した。

「それなのに父さんが淡々と『家に帰る前に、ちょっと2カ所寄っていいか?』って言うから、『いいけど、どこ?』って聞いたら、『犬の病院と、人間の病院。どっちが先がいいかの?』って、笑いながら」

「ッフ、ライゾウさんらしいの」

3人で懐かしいバカ話をしていると、いろんなことを思い出した。

「まあでも、商売するようになってお父さんのすごさには気づかされたわ。とにかく常に仕事のことを貪欲に考えてるのよー。あれはスゴイ。マネできん。あんた覚えてない? 一時期、関西に出張行っては、神戸の有名なワッフルを買って帰ってたでしょ?」

「ああ、そういえばあったね。あれにハマってたよね、父さん」

「ハマるどころじゃなくて、惚れ込んで『コレを広島でやるんじゃ!』って、あっちの会社に飛び込みでお願いしに行ってたんよ、何回も。知らんの?」

「ええっ!! それは知らんかった…。あんな有名店に?」

「…それはワシも覚えとるわ。無謀というか、らしいというか」

「何のツテもなくね。そういう積極性というか、情熱というか。ホント尊敬するよね。まあ周りは振り回されて困るけどさ」

その点は、家族も従業員も、皆が同意するところだ。

「でも本当にお父さんのすごいところだと思う。失敗してもへこんでも、すぐまた次！って。何か面白いこと、商売になって皆に喜ばれることを、常に探してる」

「なんなんだろうね。あの転んでもタダでは起きないところ…」

僕は父が目をキラキラさせながら、その時取り組んでいる計画や、これからの野望を語る姿を思い出していた。思えば父が落ち込んでショゲている姿というものを、僕はこれまで見たことがなかった。それは父が根っからの前向きな性格だということなのか、はたまた子どもには弱い姿を見せたくないというポリシーだったのか…。

そんなことを考えていると、姉が急に思い出した顔をして、「そういえば、年末病院で筆談してたら、お父さんが『今度、店の駐車場でカキ小屋やろうと思うんじゃ』って」。

「えっ…マジで？」

寝たきりで、呼吸も苦しくて、24時間ベッドの上にいる父。この先の見通しも立たない中でも、父はまだ商売人としてたくましく生きている。いやそれどころか、脳内は現役バリバリ。全く自分のことも、現状もあきらめていないのだ。それを聞き、僕は心から敵わないと思った。

すると兄が電話越しに、「…それで思い出したけど、コロナで店が中々開けられん頃じゃったわ。たまたま用事で家に行ったら、ドッグフードが置いてあっての」と話し出した。

「ドッグフード?」

僕と姉が不思議がっていると、「…俺もなんでドッグフードなんか? 思うての。『犬でも飼うんか?』ってライゾウさんに聞いたら、『いや、これからはペットビジネスがええけえ、ペットフードをうちで作ろう思うて、研究のために買ったんよ…』って、そのドッグフードを2、3粒食べたんじゃ。マジな顔して…」と話したのだった。

僕と姉は思わず目を合わせ「なにくそエネルギー、恐るべし!」とハモった。

その0・5秒後、電話の向こうから「ナニクソ、ナニクソ」と声がした。

地域での活動と試練

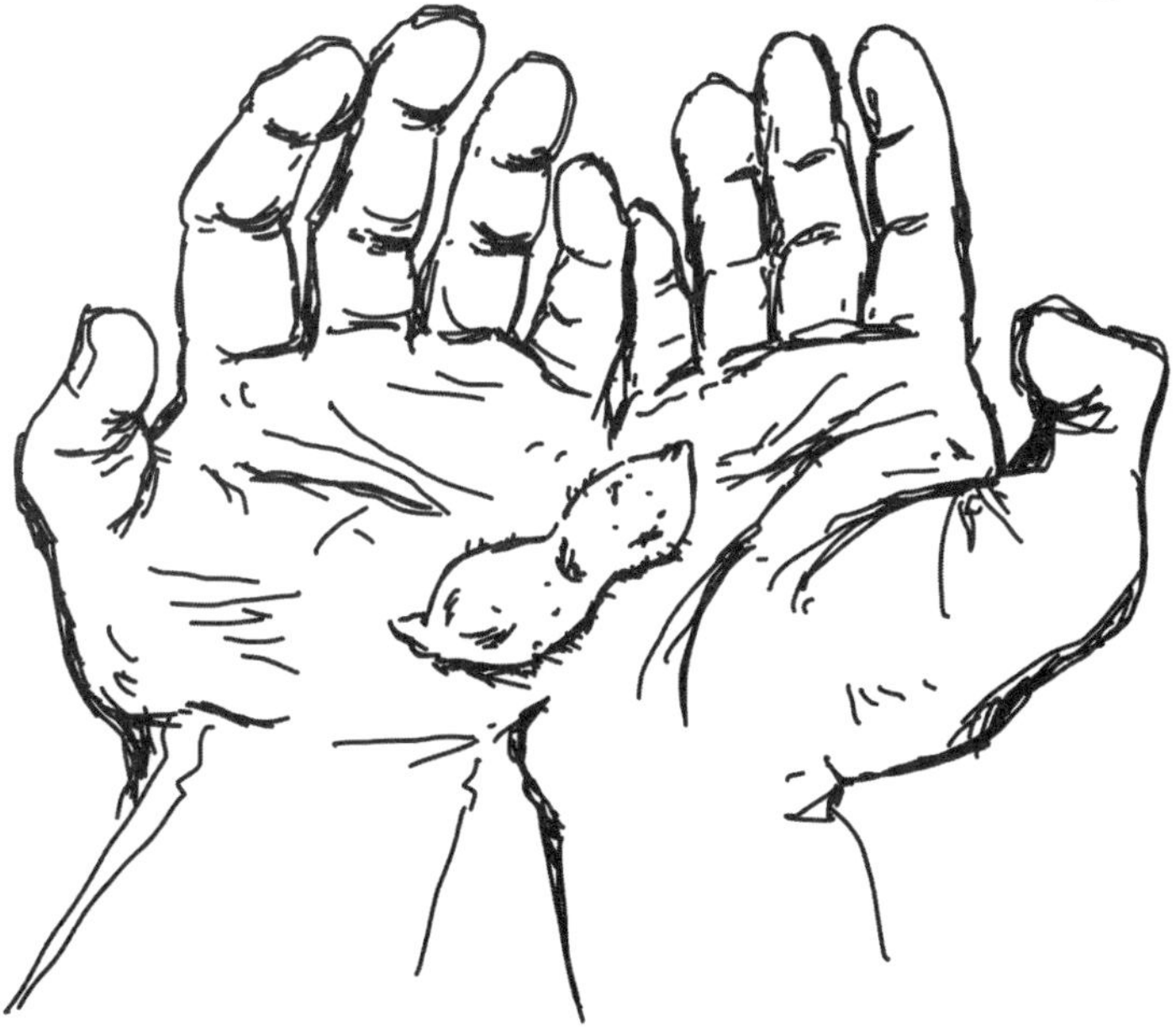

本人の章　その５

同友会の仲間と

50歳を過ぎてから、経営を様々な場で学ぶことを生き甲斐としていたが、広島県中小企業家同友会（以下、県同友会）にも所属し、勉強会などで学ばせてもらっていた。中小企業家同友会とは、昭和32年に設立された中小企業の経営をよくすることを目的とした自主的な団体で、全国にその支部があった。

私が県同友会に入ったのは平成８年で、当時はおか半を佐藤さん宅の貸店舗に移して数年が経ち、宴会場を作ったり、筆の里工房に和風レストランをオープンしたりと、商売を大きくしはじめたところで、（もっと経営について学ばなければ！）との思いが強く出はじめた頃だった。そんな時に県同友会の存在を知り、私は必死の思いで事務局へ電話し、いきなり、

「同友会の飲食店を紹介してほしい！ 見学して自社の参考にしたい！」

とお願いしたのが、入会のきっかけだった。

次に私は事務局に、勉強になる例会を紹介してほしいと相談した。そうして県同友会の経営指針セミナーに参加したことが、会社の変革を進めるきっかけとなった。私

はそれまでの経営の仕方を改め、経営理念を作り、従業員と共に経営指針を作るというやり方に変えていった。それは私が田舎の商店の「親方」から、小さくとも理想を持って進む中小企業の「経営者」へ成長する転換点となった。

ある時県同友会の事務局長から「全国大会で報告しませんか？」と打診があり、返事は「ハイ」か「喜んで」しかないという勉強会だったため、当然受けることとなった。

第43回中小企業問題全国研究集会は平成25年2月14～15日、ヒルトン福岡シーホークで行われた。基調講演は博多明太子で有名な「ふくや」の川原社長。第12分科会が私の担当だった。打診を受けてから知ったのだが、全国大会での報告は審査があり、会員企業による電話ヒアリング調査もあった。そうした過程を無事クリアして、私は『地域1番店を作る　～社員が育つ環境を作り、生きがい、やりがいの持てる経営を目指す～』というテーマで発表をした。

創業するまでのいい加減な人生。「勘と経験と度胸と妥協（ＫＫＤＤ）」の経営から、経営指針を作り、理念・ビジョンを明らかにして、人を育てる経営を目指すようになったこと。私のこれまでの紆余曲折と、店の成長を報告し、おかげで好評の分科会となった。またその頃、同友会全国協議会の『経営指針策定の手引き』の編集にも関わることができた。その手引きには、今も私の書いた原稿が載っている。

商工会改革

商店街活動で成果を上げていた頃、当時の町の商工会長に力を貸して欲しいと請われ、商工会の理事兼商業部長をすることとなった。商工会は長年「年功序列」「町の実力者の名誉職」という感じで、お飾りの役員会があるものの、事業方針は会長独断で、事務局が実行するという組織だった。そのため当初は、「今まで商工会でなんの実績もないおか半が、どうして理事になるんや」という雰囲気だった。私がなぜ商工会で役員を頼まれたかというと、坊主山商店街での名付けイベントからはじまったスタンプ事業の成功や、夏の土曜夜市、歳末大売り出し抽選会など、1年のイベントを通して集客し、地域でも「ちょっと有名な商店街」としての実績を上げていたのが大きかったのではないかと思う。頼まれたら断れないという性格と、どうせやるならとことという性格が相まって、商工会活動でも様々な人々と出会い、新しい情報に触れて意見を交わし、同じ思いを持つ仲間と意気投合すると新しい事業を起ち上げていった。

ある時商工会総会の少し前に、会長から呼び出されて商工会事務所へ行くと、1学年上で小学校の頃からの仲の「ちょうさん」こと、筆屋の宗田社長がいた。宗田社長も商工会の役員で、父親は以前商工会長もしていた人だった。

「なんやライゾウ。お前も呼ばれたんか?」

「ええ。ちょうさんも? なんですかね?」

ふたりで会長室へ行くと、会長から唐突に、「実はふたりに商工会の副会長をお願いしたいんじゃや。次の総会に諮るから、ぜひ前向きに検討してもらえんだろうか?」との話があった。

その日は持ち帰らせてもらうことにし、ふたりで事務所を出た。

「ライゾウやれや。わしゃあ断るで」

「わしも忙しいから無理ですよ」

当時同友会などで何かと忙しくしていた私は、（これ以上お役目をもらったらタミコにどやされるわ…）と思い、断る気でいた。そこでふたりで相談して一緒に断ることにし、後日会長に会いに行って「ふたりとも忙しいんでこの度はちょっと…」と話すと「そうか。分かったよ」と、会長も了解してくれたようで安心していた。

だが総会の前日。突如会長から電話があり、「この前の話はやっぱり君らに頼みたい。明日予定通り総会で諮るんでよろしく頼む」と言われた。ふたりでびっくりしたが、当日の総会では断れる雰囲気ではなく、根回しはとっくに済んでおり、まんまと私と宗田社長が副会長に決まってしまった。それから数年経ったある時。職員選考で会長が独断で決めた人が選ばれることがあった。私たちはその選考理由に納得がいかず、不満を抱くこととなった。そんなこともあっていよいよふたりで辞表を出そうという話がまとまりつつあった、ある年の瀬。

会長が怪我をして休養ということになった。しばらく回復を待っていたが、結局会長の怪我は回復せず、そのまま亡くなってしまった。こうなると副会長のどちらかが次の会長をするしかない。当初宗田社長は「わしゃあ嫌じゃ！あんたがせえや」と言ったが、「こんなことで争っていたら、商工会が笑いものになりますよ。まずちょうさんが受けてくださいよ。その後は自分がやるんで」と説得し、宗田新会長による新体制がスタートした。

これまでの「年功序列」「親分子分的人間関係」といった古い体質に辟易していたふたりだったため、理事会の刷新と、会員本位の事務局体制を作ることを目標に、少しずつ改革を実行していった。

例えば長年の課題であった理事の若返りを進めた。まず総会前に私がベテラン理事に意思確認の電話をする。すると何人かは「もう自分も長いし…」と、内心は引き留めを期待するような発言をする。私は即座に「そうですか〜。長年お世話になりました。ご苦労かけました」とあっさり答え、下手に引き留めないようにした。また、息子など一族の人に活躍の場を譲ることを合わせて提案し、極力波風を立てずに世代交代を進めた。時には自分が泥を被るつもりで強行したこともあったが、宗田会長はフォロー役を買って出てくれ、ふたりの連携で理事の刷新を行った。

理事の体制作りのほか、県連からくる事務局長の採用にも注意を払った。事務局長は時に県からの押し付け人事もあり、こちらの思う通りにいかないこともあるが、面接などでしっかりと選考を行い、単に県の再就職請負先にならないよう審査した。またもうひとりの副会長も私たちの眼鏡にかなった人で、将来の会長候補への布石にするなど、長期計画を立て改革を進めていった。

地域振興券

商工会には商業部会長としてデビューした。当時商工会には「大店審（大規模小売店舗立地法審議会）」という審議会を運営する仕事があった。大型店が出店申請を自治体に行うと、それを受けて自治体は商工会に大店審を設置させ、大型店・商店代表・消費者代表・学識経験者の会議で、店舗の大きさ・営業時間・休日など、意見を集めて調整し、合意をしなければ建設ができなかった。

この仕組みを『規制改革』と称して無くし、大型店が自由に出店できるやりたい放題の世の中となった。昔のままが全て良いとは言わないが、なぜもっと細かく制度設計をし、地域の小規模店が生き残る道を残さなかったのか。今でもこの改革は大きな問題があると個人的には思っている。これによって全国から、とくに田舎ほど商店街は消えてなくなった。そうした中、地域の商業者の売り上げ不振に対応しようと、国が予算をつけ実行は任せるやり方で、「地域振興券」を発行することが全国的に行われた。

私はこの振興券は、普通のやり方では8割が大型店で回収されると予測し、それでは小規模店はヤル気にならないし、町の活性化にも繋がらないと考え、中小事業者重視の実行計画を立てることとした。

まず回収手数料に差をつけることとし、大型店の手数料を5・5%、小規模店は1%とハンデをつけた。また、それだけでは小規模店に消費が回らないため、大型店から取った手数料の一部を、小規模店の販促費に回すこととした。ほとんどの商店がスタンプやポイントサービスを買い物に応じて通常2%つけているところ、3倍分の6%は商工会が負担することとし、この期間はお客様にはポイント5倍とすることを提案。地元の金融機関1行を回収機関に指定し、スタンプあるいはポイント3%分の振り込み（商工会から加盟店へ）の仕組みを作った。

想定していたが大型店からは「日本一高い手数料だ！」と反発され、役場の一部からも公平性に問題があるのではと言われたが、「これは地域振興券の回収率を公平にするための措置です。認めてくれないなら町議会議員全員に話して認めてもらいますよ」と、半分脅しのような勢いで話を進めた。町議会議員にも賛同してくれる人がおり、役場の担当者にも話をしてくれ、なんとか調整がついてＯＫが出た。

ひとりの購入限度額をいくらにするかという問題があったが、今までのイベントで自分のやり方に自信を持っていたため「売り方は先着順。金額は10万円まで！」と一存で発表した。その結果、売り出し時間には1千人近くが並び、スタッフは「ここから後ろは買えないかもしれません！」と大声で案内する始末となった。

町長からは早く売れ過ぎたことや、思ったように購入できなかった人がいたことで苦言を少しもらったが、私は「やったデ！これでええ！」と自画自賛。買い物期間が過ぎ、回収率を確認すると、大型店52％小規模48％とほぼ予想通りであった。一部から反発もある中、私にすべて任せて思うようにやらせてくれた宗田会長には、感謝しかなかった。

しかし地方の商店街や小規模店はその後も逆風が続いており、今や風前の灯火である。コロナ禍を経て令和4年夏、3年ぶりに坊主山商店街の夏の一大イベント『ぼ〜ず山サマーナイト』を後輩たちがやってくれたことは、大変うれしい出来事だった。地域の人たちも祭りに飢えていたのか、いつも以上の賑わいだったと思う。

今の坊主山商店街は、私が若い頃魚屋からはじまった「上中寿司」の二代目や、肉屋がはじめた「焼肉ハウスフレンド」など、若い世代を中心に頑張ってくれており、ステージでは昔のようなカラオケではなく、地域の子どもダンススクールが発表をしたり、時代の移り変わりを感じるが、サマーナイトのチラシの書体が、自分たちが起ち上げた当時のものと変わっていなかったように見え、それもまた感動であった。

その後宗田会長から約束通り引継ぎ、商工会長に就任した。県の商工会総会で地域振興券の手法を報告したが、他に大型店と小規模店の回収率が半々に近い市町はみられなかった。会長の時に今後のためにと理事役員の定年制を作り、計らずも私と宗田前会長が定年第1号となった。思い描いていた商工会の改革ができ、心残りなく退職することができた。

病を得て

店の経営と商工会などの地域活動、同友会での勉強と、忙しくも充実した日々を送っていたが、その中で様々な困難に出遭うこともあった。特に60歳を過ぎたあたりから老いを感じることが増え、健康問題が大きなテーマになっていった。

若い頃から肥満気味で糖尿病を医者から注意されていたため、様々なダイエットや健康法に挑戦もした。バナナダイエット、糖質制限、スムージー、エゴマ油、ルームランナー、水素水、遠赤外線ホームサウナ、玉ねぎの皮茶など…。流行のものや、知り合いから勧められたものまで、「これはいいのでは？」と思ったものはすぐに実行した。体形のわりにフットワークが軽いのが長所だが、経営や勉強のこと以外は長続きしないのが短所で、どれも継続せず、ブームが去ると健康器具や食品がむなしく家に残る始末だった。

そんな私が難病である「重症筋無力症」と診断されたのは、70歳を前にした頃だった。ある朝起きたらまぶたの開きが悪く、どう頑張っても目をしっかり開けることができなかった。最初は疲れかなと思ったが、様子がおかしいので近医に行くと、すぐに大きな病院で検査した方がいいと言われたため、予約を取って精密検査をした。すると医師から、「岡崎さんは重症筋無力症という病気です」「残念ながら今の医学では完治ができない難病です」と衝撃的な宣告を受けたのだった。

重症筋無力症とは筋力が極端に低下する病気で、主にまぶたが下がったり、ものが二重に見えたり、飲みこみにくいといった症状が出るが、中には手足の筋力低下が出る人もいたり、1日の中でも時間帯によって症状にばらつきがあったり、人によって症状が違う自己免疫疾患である。最悪の場合、呼吸筋に症状が及んで命の危険もある病気で、いまだに治療法は確立されておらず、国内には約3万人の患者がいて、難病に指定されている。

医師の説明を受けた私はさすがに動揺し（わしが難病…。なんで…どうすればいいんじゃ…）と、しばらくは目の前が真っ暗になった。ここまで会社のため、家族のため、地域のためにと思ってがんばってきたのに…。神も仏も無いとはこのことだと、世を恨み嘆く思いが膨らんだ。

タミコに報告すると「えっ…」と絶句し、それからは何かと私の体調を気にかけてくれるようになったが、タミコ自身の落ち込みようもひどく、頭痛で寝込んでしまう日もあった。

私は自身のこともショックだったが、妻をこんなにも落ち込ませてしまい、それを慰める元気も湧かない自分が情けなくてしょうがなかった。思えば私はこれまでも、離婚のこと、マサアキの障害のこと、借金のことと、数々の困難に出会ってきたが、そんな時最後には（まあ、命までは取られんわい！）と開き直れたが、今回は自分の命に直結するピンチで、さすがにしばらく元気が出ず、〝なにくそエネルギー〟も発動できなかった。

子どもたちにも黙っているわけにはいかないため説明したが、あまり深刻に言うのも嫌で、「いや～難病じゃと。まあでも原爆手帳があるけえ、医療費はかからんで良かったわ」と強がって見せたが、内心は受け止めきれないでおり、診断が間違いではないのか？何かよい治療法があるのではないか？と、ネットやいろんな人から情報をもらって専門的な病院を調べ、あちこちドクターショッピングし、医師の話を聞いては期待したり、また落ち込んだりと、浮き沈みが激しい数週間を過ごした。

そんな時に出会ったのが、広島市内で内科を開業していた落合先生だった。先生は元々有名な大学病院で重症筋無力症の研究を長くしており、その道では知らない人はいないとの噂を聞き、私はタミコを伴って受診した。

先生は仙人みたいな雰囲気で、ハゲた頭にかすかに白髪を残し、口ヒゲも真っ白で、今にも幻術でも使いそうな感じがした。私は藁をもすがる思いで、持ってきたこれまでの検査データを見せた。

「岡崎さん。あなたのショックは当然ですよ。でもね、あなたは運がいい」

「え?どういうことですか?」

「この数値ならまだまだ治療の余地がある。今は新しい治療法も次々出てるから。私はもう半分引退した身だから、いい病院を紹介しますよ。大丈夫。この病気は完治はしないけど、治療しながら働いている人もたくさんいるから」

先生はその後私のような素人にも分かるように、丁寧に今後の治療のことや、病気の進行について説明してくれた。その内容は他の医師からも聞いて知っていたこともあったが、落合先生から聞くと、ようやく私も冷静に受け入れられる心持がした。私とタミコは気づいたら泣いており、診察が終わって、ふたりでようやく希望が持てた気がしたのだった。

それから落合先生の紹介で、私は市内の救急総合病院に重症筋無力症の治療のため、1カ月入院することとなった。入院ともなれば、いつまでも従業員に事情を言わないわけにはいかないと、菊田君やヨシヒコ、二階堂さん、須原さん、佐野さんら、主なスタッフに病気のことや、入院のことを説明した。

菊田君は、**「大将…。絶対大将なら乗り越えられます！信じてます！」**と、いつも以上の大声で勇気づけてくれ、二階堂さんは「私約束します。社長が病気を克服して退院するまで、この店は私が守りますから！」と言ってくれたのだった。

子どもたちは病院に定期的に会いにきてくれた。私は（従業員にも家族にも感謝せにゃいけんのう）と心から感じ、（まあ今すぐ死ぬわけじゃないし、とにかく今できることを精一杯やるしかないよのう！）と、前向きに切り替えられるようになっていった。

入院治療の効果はてきめんで、症状は随分緩和し、1カ月ほどで退院することができた。もちろん完治ではないため、その後も服薬を続け、セカンドオピニオンとして県外の病院まで出向いて意見を聞いたり、患者団体の集まりにも行って、同じ病気で悩む人たちと交流し、有益な情報を集めたりした。

それからは症状の波はありながらも、私は数カ月に1回、1～2週間程度の入院治療をすることで仕事を続けることができた。調子がいい時は板場に立つことも、出前に行くこともこれまで通りこなせた。また、入院中もただでは転ばない性格のため、パソコンを病室に持ち込んでできる仕事をしたり、(生命保険の入院給付金が出るけえ、病院で寝とるだけでウン万円稼いだで!)と現金な計算をしてみたりと、見事に〝なにくそエネルギー〟を復活させ、前進していったのだった。

西日本豪雨災害

老いや病気が誰もが避けられない困難であるのと同様、災害も多くの人に影響を及ぼす避けがたい出来事であろう。

平成30年7月6日。その日、熊野町は朝から雨が降っていた。早朝には広島県南部に大雨警報が出ていたが、雨の勢いはそこまで激しいわけではなかった。ただ数日前から雨が続いており、ニュースでも連日「長雨に注意」「今後も大雨に警戒」と繰り返され、正直うんざりしていた。それまで長年熊野に住んで大きな災害を経験したことが無かった私は、まさかこの雨が後に「西日本豪雨災害」と呼ばれる歴史的な災害につながるとは、夢にも思わなかった。

ちょうど地元中学校の「職場体験」を受け入れていた最中で、５人の中学生が数日前からおか半総本店に実習に来ていた。私は地域貢献の思いもあって毎年職場体験を受け入れており、接客マナーを教えたり、広島市中央卸売市場への仕入れ見学ツアーを行うなど、少しでも地元の中学生にいい体験をしてもらえればと取り組んでいた。その日は早朝に集合して中央卸売市場での仕入れを見学し、店に戻ってからは早起きして頑張ったご褒美として、まかないで海鮮丼を皆に食べてもらった。

ランチ営業の時間にはホールとキッチンに分かれ、料理を出したり洗い物をしたりと、中学生でもできることを体験してもらった。皆緊張しながらも、目をキラキラさせながら一生懸命取り組んでくれた。中には実習の様子を見に保護者の方が食事がてら来店してくれ、親御さんに料理を運ぶ姿を見てもらった男子中学生もいて、ほほえましかった。ランチ営業が終わった後、昼のまかないを食べて、その日の実習は終了した。

その後夕方になっても雨は止む気配が無く、客足も悪いことから、従業員も最小限にして夜の営業を開始したが、19時40分を過ぎた頃にテレビが切迫した雰囲気で、「ただいま広島県に大雨特別警報が出されました」と伝えた。素人の私には「特別警報」というのは耳慣れない言葉だったが、今がただ事ではないことだけは理解し、店を早めに閉め、それぞれ独立して町内に住んでいる子どもたちにも連絡を取って安否を確認し、自宅に戻った。

幸い私や私の身内の家は土砂災害などの心配があまりないエリアで、家族もみな無事だった。唯一市内に働きに出ているマサアキが、町に帰る道がすべて通行止めになってしまい、帰宅困難者として隣町で車中泊となったが、連絡はついて無事は確認できていた。

翌朝は早めに店に向かった。夜から朝にかけても矢野、坂、東広島、呉など、見知った近くの町で次々と被害が出ている報道があり、町内でも川角地区の大原ハイツで土砂崩れがあったと聞き、私はいてもたってもいられなかった。報道があった地域はどこも馴染みがあり、知人や友人もおり、特に大原ハイツには店にパートで来てくれている従業員さんが何人かいた。私はタミコとともに片っ端から知り合いに連絡を入れ、無事を確認していった。幸い二階堂さんや須原さんや佐野さんらベテランも、大原ハイツのパートさんたちもうちの従業員はみな無事で、ひとまず胸をなでおろした。

おか半総本店前の道路は、県道34号矢野安浦線という、町内を縦断する主要幹線道路で、交通量も町内で最も多い道路だったが、この時熊野町は町内を出入りするための主要な道がすべて災害で通れなくなって「陸の孤島」状態となっており、昨晩から全く動けなくなった車が道路に永遠と列を作っていた。当然、ヨシヒコら町外から通っていた従業員は誰も来られなかった。

「大丈夫ですか？」「いつからこんな感じ？」

私が数人のドライバーに声をかけると、みな口を揃えて昨日の夕方から一歩も動かないことや、トイレや飲料水に困っていることを話してくれた。私は店に着くとまだ営業時間ではなかったがすぐに店を開け、トイレを開放することにした。また早出の従業員に「悪いけどすぐにご飯を炊いて、おむすびを作ってくれ！」と頼んだ。

最初は状況が理解できずにポカンとしていた人もいたが、事情を伝えるとすぐに5升炊きの釜をフル回転で作業をはじめてくれた。私はこの日は普段の営業どころではないと思い、従業員たちとともに、お茶とおむすびを店で大量に準備し、立ち往生しているドライバーへ無料で配布した。皆とても喜んでくれ、中には後日来店してくれて、「あの時は本当にありがとうございました！心細かったのでとても嬉しかったです」と、わざわざ言いに来てくれる人もいて、「社長、ホンマええことしましたね、エライ！」と、珍しく二階堂さんにも褒められたのだった。

時間の経過とともに様々な情報が入ってくるようになり、被害のすさまじさに心穏やかにはいられなかった。昼には町内に通じる広島熊野道路がなんとか通行できるようになったとの情報が入り、その後店の前の車の列も少しずつ動くようになっていった。マサアキも隣町から3時間以上かけてなんとか自宅に戻ったと聞き、安心した。

結局町内では土石流が数十カ所で発生し、16カ所で道路が通行止めとなり、160

棟以上の建物に被害が出た。死者12名のすべては川角地区の大原ハイツでの土砂崩れによるものだった。熊野町の被害の状況は全国ニュースでも度々報道されることとなり、７月６日を境に世界が一変したように感じた。

その中でも強くショックを受けたのは、前日職場体験に来てくれていた中学生のひとりが、大原ハイツの土砂崩れで命を落としたと聞いた時だった。

ちょうどあの日、保護者の方が食事に来てくれ、子どもが料理を運んで接客したあの男子中学生だった。たった数日、実習先の店主と実習生という間柄ではあったが、つい先日まで元気にうちに来てくれ、話をしてくれていた子どもが突如亡くなってしまったという事実は、災害の恐ろしさと理不尽さ、誰にも明日の保証などないという世の無常を感じずにはいられなかった。親御さんの無念を思うと本当にやりきれない出来事で、私にはできることがなく情けなかったが、須原さんが彼の実習中の様子や親御さんを接客した様子を撮影してくれており、その写真をご家族に渡すことができたのが、ささやかだが私たちにできる精一杯のことだった。

店は比較的早く通常の営業を開始できたが、被災した従業員の中には避難所となった体育館から仕事に来てくれる人もいた。

佐野さんから「社長、子どもさんがまだ小さいパートさんもいるんで、なにか協力してあげられませんかね…」と相談を受けた私は、小学生の子どもがいるパートさんに、「避難所におるのも窮屈じゃし、不安じゃろう。お母さんが勤務中はここにおらしたらええよ」と、お客さんのいない座敷を開放し、子どもたちの居場所に使ってもらうこともあった。

災害から三日、1週間、1カ月と時間が経過し、道路の復旧やボランティアなどの支援活動が広がって、スーパーなども当初は品不足があったものの改善され、日常生活が徐々に取り戻されていったが、商売の方は厳しい状況が続いた。災害がもたらすのは人的被害やインフラ被害も大きいが、心理的なダメージも相当で、「皆で楽しく外食でも」という雰囲気にならないのは当然のことだった。それは町内だけでなく、総計150人以上の犠牲者を出した広島県全体のムードで、宴会やイベントは自粛傾向が続いた。また、町内だけでなく周辺の市町でも道路への被害が大きく、各地で主要な生活道路が長く通行止めとなって、熊野町内が慢性的な渋滞に悩まされたことも、客足に長く影響した。

うちの店の商圏は町内だけでなく、近隣の市町にもお得意さんや常連さんがいて、ドライブがてらお店を利用してくれていたが、来店するのに何時間もかかる状況となれば躊躇するのも当然で、客足はめっきり減ってしまった。

さらに仕出しや出前も売り上げの大きな部分を占めていたが、災害後は隣町に届けるのも、いつもなら往復30分もかからないところ、3時間以上かかるようになってしまい、現実的に受ける注文数を制限せざるを得なくなった。広島市方面との慢性的な渋滞は、県道34号矢野安浦線の通称・矢野峠と呼ばれる峠越えの道の復旧が終わる9月まで、およそ3カ月続いた。

コロナを乗り越える

西日本豪雨災害から1年半が経過した令和2年の初め。町内の復旧も大部分目途が立ち、ようやく災害の影響が生活の中から消えつつあった頃。中国で原因不明のウイルス性肺炎が流行しているというニュースがあった。はじめは遠い海外の出来事と、ほとんど気にしていなかったが、2月には横浜でクルーズ船「ダイヤモンド・プリンセス号」が検疫のため長期間足止めされたかと思うと、その月末には全国の小中学校の臨時休校が決まるという、前代未聞の出来事となった。

(こりゃあえらいことじゃ…)

「新型コロナウイルス感染症」と名付けられたその病気は、あっという間に世界中に蔓延し、私たちの生活を一変させてしまった。

4月には全国に緊急事態宣言も出され、外食どころか、人に会うことも、集まることも難しい世の中になった。外食産業にとって、「密閉・密集・密接」の3蜜回避が求められる社会というのは、致命的だった。

案の定、店はいつもなら忙しい休日夜間でもガラガラで、さすがの元気印の二階堂さんも「ちょっとこれじゃあどうにもならんですねえ…」と、マスクをつけて笑顔の見えなくなった顔で意気消沈していた。

中小の飲食店にとって、新型コロナは〝非常事態宣言〟であり、私が知る飲食店仲間の中にも、これを機に店をたたむところが多くあった。私は従業員たちとともに各席にアクリル板をつけ、ソーシャルディスタンスを考えた配席にし、消毒液やマスクなど必要な物品を揃えるなど、菊田君やヨシヒコらとも相談して様々な工夫をし、なんとかお客様に安心して美味しいご飯を楽しんでもらえる時間を提供しようと考えた。

また商工会や中小企業家同友会など、これまでのネットワークを駆使してコロナ対策の方法や、行政の補助金・助成金・貸付などの情報を集め、使えそうな制度はどんどんと活用した。そうした支援はもちろん助かるのだが、次々と新しい制度が出てきて、その一つひとつが複雑なルールや申請方法となっていることから、ヨシヒコと須原さんはそれらの手続きにてんやわんやとなった。

しかし私や従業員がどんなに頑張っても、感染症の流行はそれ以上にすさまじく、日本中で猛威を振るい、その影響は広島の片田舎である熊野町でも同様だった。県内で緊急事態宣言が出された時期には、行政の施策に協力し、店をしばらく閉める決断をするしかなかった。もちろん国からの補償はいくらかあったが、当然ながら通常の売り上げのようにはいかず、また緊急事態が解除されて店が開けられるようになっても、しばらくは自粛や警戒ムードが続き、飲食店にとっては本当に厳しい時期が続いた。

様々な苦労にもへこたれなかったさすがのタミコも「これがいつまで続くんかね…」と、ため息を漏らした。私自身も高齢者で持病もあるため「重症化リスクが高い」に分類される人間であったが、「こんな時こそ弱気になってはダメよのう!」と、いつもの〝なにくそエネルギー〟が湧き、デマや感染に過敏になり過ぎる情報には批判的な態度で接していた。

コロナで経営の苦戦が続く中、さらにショックな出来事があった。令和3年6月。姉・エミコが広島市内の病院で息を引き取った。死因は新型コロナウイルス感染症だった。エミコ姉は市内の市営アパートに住んでいた。酒屋を長く営んでいたが、高齢となって店を閉め、年金で暮らしていた。80代の姉は私と同様、母譲りの大柄な体格で、糖尿病などの持病もあり医者通いをしていたが、頭はしっかりしており、娘のイクコと仲良く暮らしていた。周囲には孫やひ孫もおり、幸せな晩年だったと思う。

マサフミ兄いとミキカツ兄いが亡くなってからは、私とエミコ姉は残ったきょうだいふたりきりということもあり、時々どちらからということもなく連絡を取っては、一緒に食事をしたりしていた。私は姉にとって自慢の弟だったようで、姉は馴染みの居酒屋で酒に酔うと「うちの弟は熊野で大きな店をしよるんよー」と、嬉しそうに語ることがあったらしい。

一度などはたまたまそこに熊野からきたお客がおり、「ああ、ライゾウのことか」と反応されると、「おまえなんかに呼び捨てにされる筋合いはないわ！」と、大喧嘩になったことがあったと、イクコから聞いた。４月下旬に姉は通っていたデイサービスで新型コロナに感染し、しばらく自宅療養していたが状態はなかなか良くならず、看病していたイクコも感染。しかし当時は病院が常に満床で、なかなか入院させてもらえなかったらしい。

１カ月くらい経ってようやく母子で入院させてもらったが、エミコ姉は糖尿病や心臓・腎臓にも疾患を抱えていたため、使える薬は限られており、治療は難しかったとのことだった。エミコ姉の死後、イクコとタミコと遺体を引き取りに行ったが、私たちは病院の中には入れてもらえず、霊安室での対面も、棺の窓を開けて顔を見ることすらも許されなかった。エミコ姉の棺はビニール袋のようなもので包まれ、すでに霊柩車に乗せられていた。

私たちは霊柩車の後ろを車でついていき、山奥の火葬場で荼毘にふされる際も車で待機するほかなかった。火葬場の駐車場には、ほかにも同じような家族を乗せた待機の車が何台も停まっていた。2時間半ほどで火葬は終わり、係員から呼ばれていくと、エミコ姉の骨はすでに骨壺に入れられ、きれいな白い布をかけた箱に収まっていた。

(お骨も拾わせてもらえないとはのう…)

仕方がないこととはいえ、遺族としてはやるせない気持ちで一杯だった。

(姉ちゃん大変じゃったのう。ようがんばったよ)

私は心の中で姉にそう声をかけながらも、あまりにもあっけない流れに何だか気持ちが追い付かず、涙も出なかった。ただただ喪失感だけが強く感じられた。子どもの頃から、一番近いきょうだいとして最も遊んでもらい、その分最も叱られた存在だったエミコ姉。私がタミコと再婚した時も、周囲の反対をよそに味方になってくれた人だった。女海賊の頭領みたいな貫禄ある風貌が目に浮かび、母にそっくりなあの豪快な笑い声が今にも聞こえてきそうだった。

コロナの影響はその後も長く続いた。繰り返される「第○波」という流行ピーク時には、行政の要望に従って休業するほかなかった。広島県内では令和４年８月19日に、１日の感染者数がそれまでで最も多い８千７百75人となった。初めて新型コロナがニュースとなって、２年以上が経過していた。

コロナの影響はその後も続き、実に３年以上私たちの生活に大きな影を落とした。それは店にとっても本当に厳しい期間だった。うちの店で売り上げの大きな部分を占めていた、職場関係の宴会や、親戚が集まる冠婚葬祭の催しはことごとく取りやめとなり、広い座敷はいつも空席状態となった。

そんな中でも従業員皆で知恵を絞り、国や自治体の制度を調べて活用したり、テイクアウト商品の充実に力を入れ、おか半という船はなんとかこの大嵐を耐え抜いたのだった。

これからの夢

76歳となった令和4年。持病の重症筋無力症が悪化し、少しずつ進行している感があり、入退院を繰り返すこととなった。次第に普段の歩行や車の運転にも支障が出はじめ、できないことやケガをすることが増えていったが、(それでもわしにはまだ考えられる頭があるわい！) と反発していた。年とともに体力は衰えていくが、困難や障害があればあるほど〝なにくそエネルギー〟は尽きることがなく、まさに私を動かす夢のエネルギーである。

さいわい店のことは、ヨシヒコや須原さんたち次世代メンバーを中心としたスタッフの皆と、坂町で独立し和食料理店「わきみず亭」をしている菊田君も協力してくれ、私が不在であってもタミコを支えながら、問題なく営業ができるようにしてくれた。

菊田君は最も長く私の右腕としておか半のために尽力してくれた人であり、職人としての技量はもちろん、経営者としても多くのことを学び成長してくれた。彼が独立後も、おか半とわきみず亭は姉妹店のような関係性であり、互いに経営者として助け合ってここまでやってきたのだった。その彼が、

「自分もおか半のことは大事に思っているので。ぜひこの地域に長く残していきたいです！」

と言って、今後のおか半のことも本気で考えてくれていることは、素直に感謝したいと思っている。

そんな私が次に取り組みたいこと。それが何を隠そう「農業」である。実は以前、県同友会で「ＳＤＧｓ（持続可能な開発目標）」について学んだことをきっかけに、私は企業として環境問題とどう向き合っていくかが、今後の店の成長にとっても重要になるとの思いを強くした。店の創業50周年時には、「おか半のＳＤＧｓ」という冊子も作り、具体的な行動目標も作った。

そんな中で令和３年には、リサイクルで有名な徳島県上勝町に視察旅行へ行く機会を得た。上勝町は町内から出す廃棄物を限りなくゼロに近づけていく運動をしており、そのリサイクル率は驚異の80％を超えているという、先駆的な町である。

上勝町の現場を見て以来、長年抱いていた夢の実現に向けた思いが強くなった。それは環境に配慮した店づくりを進め、店で出る生ゴミをコンポストで肥料に変えて、農業に取り組み、特産「黒大豆」の生産復活をすることだった。

熊野町は山に囲まれた盆地で、産地として有名な丹波地方に似て昼夜の寒暖差が大きいため、黒大豆の栽培に適しており、味が濃く、風味も豊かで粒の大きい豆が育つ。特に秋のわずかな期間しか食べられない「黒大豆の枝豆」や「黒大豆ご飯」は本当に美味しく、毎年この時期を楽しみにするリピーターが大勢いるほどだった。

約50年前から熊野町では黒大豆が栽培されてきたが、年によって生産量にばらつきがあったり、生産者が高齢化するなどで収穫量が安定せず、最近はほとんど市場に出回らなくなっており、特産品としてのポテンシャルは秘めているものの、課題を抱えているのだった。

そのため私は令和４年の春、仲の良い知人も複数いる新宮地区に目をつけ、友人の森田さんに黒大豆特産化の構想を伝え、約１２０坪の畑を借りることとした。早速動き出そうと思い、森田さんに連絡して「すぐにでも植えようと思うんじゃが、素人じゃけえやり方が分からんのよ。どうしたらええんかね？」と相談すると、何も知らないのにはじめようとしたことに驚かれたが、教師を退職して近隣で農業をしている西さんという人を紹介してくれた。

私はすぐ西さんに弟子入りして相談したところ、５月末頃の植え付けが良かろうということになった。事前に西さんがトラクターで畑を耕してくれ、いよいよ植え付けが間もなくという頃。あろうことか私は店の隣のスーパーで転倒し、足首の靭帯を痛めてしまった。

その結果私は作業ができないため、畑の貸主である森田さんや私の友人、タミコやマサアキの娘ふたりにも手伝ってもらい、西さんの指導の下、なんとか植え付けをした。私はというと、畑の横の畦道に車を停め、そこから作業を応援したのだが、よかれと思ってタミコに「ちがうちがう。もうちょっとあっちの方もせにゃあ」などと指示をしていると、「うるさいっ！　誰のためにやりよると思っとるんよ！」と逆鱗に触れてしまう始末だった。

おまけにタミコが慣れない農作業のせいか、私への怒りで沸騰したせいかは不明だが、作業中に軽い熱中症になってしまうというアクシデントが発生。後でユノやマサアキから「母さんに無理をさせたらいけん！」と大目玉を食らってしまった。

配慮にかけた発言が多いのが欠点と反省はしているが、なかなか直すことができずこの年まできてしまい、家族からは半ば諦められている有様である。

その後私は6月と7月にも転倒を繰り返し、とうとう骨折してしまった（これについても周囲から活動をセーブするように言われても懲りないため、怒られている）。やむなく治療に専念していたが、私が畑に行かない間も豆はどんどん育ち、秋には協力してくれた皆のおかげで、見事な枝豆として無事収穫ができるまでとなった。当然収穫作業も私は応援担当であった。

この年は、たまたま毎年店で仕入れていた畑が不作だったこともあり、私の畑の黒大豆が収穫できたことで事なきを得ることとなった。期間限定の「黒大豆の枝豆」や「黒大豆ご飯」はお客様から好評で、やはり熊野の黒大豆は商品力があると、改めて感じたのだった。

黒大豆の後の畑では、そら豆・グリンピース・春菊・玉ねぎ・九条ネギなどを試験的に育てた。いずれはおか半専用の農園として、店で使う野菜も生産していければ…と、密かに考えている。

そして今後の大きな目標は、この黒大豆の栽培を軌道に乗せ、熊野町の特産品として売り出すことである。生産する仲間を町内で増やし、黒大豆を活かした加工商品や、産直市場・農園レストランなどへの展開をすることで6次産業化や観光事業へと広げていく。そうして町に雇用や賑わいを生み出し、地域を元気にしていきたいというのが、私の人生最後の野望である。

いくつになっても、病気になっても、何か情熱を燃やせるものがないと気が済まない質で、周囲からはあきれられる有様だが、それこそ自分らしさだと開き直っている。

今後この体でどこまで行けるかは分からないが、最後まで得意の〝なにくそエネルギー〟で、夢の実現に向けて進んでいくつもりである。

家族の章　その5

2024年4月

「うん。この穴子は本当に美味しいですよ。さすがだ！」

僕はこの日、ぞうさん出版のウエダさんをおか半に招いていた。今、目の前のテーブルには「穴子せいろ」や「レインボーロール」など店の名物が並び、母と菊田さん、ヨシヒコも一緒に、ウエダさんとの会食を楽しんでいた。

ウエダさんとはここ数カ月、出版に向けて様々に助言をもらい、正式な契約に向けて話を進めていた。そんなある時ウエダさんから「ぜひお父さんに直接お会いしたい。おか半にも行って食事をしてみたいです！」と言ってもらい、実現した来店だった。

店に来る前、僕はウエダさんを父の病院へ連れて行った。父もウエダさんと会うのを心待ちにしており、病室に入って僕らの姿を認めると、勢いよく手を挙げて応じた。ウエダさんが父に近づき「岡崎さん初めまして、ウエダです！ぜひ本を出しましょう！」と手を握ると、父も笑顔で頷きながら力強く握り返していた。その後筆談で「よろしくお願いします。バンバン売ってください。ウエダさん男前ですね」と書き、ニヤリとしていた。いつもの父だった。

そんなわけで、本日正式に父の本をぞうさん出版から出すことが決まり、この会食はそのお祝いであり、打ち合わせであり、壮行会でもあった。

ウエダさんは「いや〜、お父さんはやっぱりスゴイですわ。目がギラギラしてましたもん。あれはまだ何かやろうとしてる人間の目ですよ」と感心しきりだった。ウエダさんに限らず、父と会った人の多くが、同じような感想を持つようで、父は12月に続き、3月に2回目の外出をしたが、その際も会いに来てくれた地元の知人友人たちの多くが「心配しとったけど、すごい元気そうでよかったわ」と言ってくれた。

それは父にとっても、僕たち家族にとっても、最高の応援の言葉であった。

食事会を終え、僕は自宅に帰ってボンヤリと父のことを考えていた。入院生活がはじまって1年以上。僕たち家族の中でも、父が入院していることが当たり前になってきて、生活の一部になりつつある。父母が望む帰宅への道のりはまだまだ遠く、見通しは不透明だ。呼吸器と胃ろうを外し、元の自発呼吸と口からの栄養摂取に戻せる目途は立っていないし、病状や年齢を考えても、その希望は相当に厳しいと言わざるを得ない。

それを不幸と言えばそうだろうし、大変といえば大変な状況だろう。特に父にとってはかなりの試練のはずだ。だが僕らが見ている限り、父は悲観や諦めを語ることなく、それ以上に例の〝なにくそエネルギー〟で前を向き、何かを企んでいる様子で、その姿はあまり不幸を連想させなかった。きっと父も、「まだまだわしにはできることがある！ありがたいことよ！」と、幸運や感謝を感じている。そんな気がするし、「まあ、ワシの実力もあるがのー。ガハハ」くらいは言いそうだ。

僕にとっては、これまでの人生でこんなに父のことを考え、父のことでアレコレ動き、父母や家族や故郷のことを再発見できた1年は無かったように思う。それは時に悩ましかったり、面倒くさかったりもしたが、とても幸福で貴重な時間だった。

父の自伝原稿を読み作業をしていく中で、いろいろなことが思い出されたが、その多くがたわいない家族の日常や、くだらないことだ。僕や兄が大好きなテレビゲームの「ドラクエシリーズ」を夜な夜なやっていると、仕事から帰ってきた父が「またそれかー」とボヤきながら、しばらくリビングのテレビの前に座っていたかと思うと。そのうち「…その呪文は効かんのじゃないんか？」「そうじゃない！そこはまずそっちのアイテムじゃろう！」と、夢中になってアドバイスを押しつけてきていたこと。

僕が最初の仕事を辞める時に大反対して激怒し、それでも押し切って辞めてしまうと、これまで見たことないくらい父が落胆し、数日言葉も交わさず目も合わないくらい元気がなくなってしまって。（仕方がないことだけど、何て親不孝なことをしてしまったんだろう…）と僕なりにすごく申し訳なくなっていたある日。夜中に書斎で父が元気のない背中でパソコンで仕事をしている姿を見て、胸を痛めていたら。よくよく見ると、パソコンの画面がセクシーな女性の動画で思わず、「こんな時間までなにしとんねん！」「えぇっ！いや、べべつにこれはちょっとな…」と、案外元気で安心した日のこと。

お好み焼きが大好きで週一は食べ、「あれはほとんどキャベツだから太らん」と言い張っていたこと。

小中学生の僕らに「これが昔の広島ヤクザの正式なやり方で！」と、真偽が定かではない花札のルールを教えてきたこと。

腐った食べ物とうすうす気づいていても、食欲が勝って気づかないふりをして食べてしまうこと。

胸にチクッと来ることも、笑えることも、腹が立つこともいろいろだ。

父は他人様に褒められるような聖人君主ではないし、むしろたくさんの人に迷惑をかけまくってきたし、何かモノ凄い偉業を成し遂げた有名人でもない。でも故郷と仕事と家族を愛し、自分のトクだけのためには働かず、がむしゃらに夢に向かって進んできた、まっすぐなオッサンである。昭和の地方都市に多くいたであろう、ちょっと個性的な中小企業の社長だ。

そんな父の人生を書いた本にありがたい教えが含まれているとはあまり思えないが、どこにでもいるオッサンの本だからこそ、多くの人に共感してもらえるものになるのかもしれない。それならウエダさんの言うように、父や僕たち家族のためだけでなく、誰にとっても多少意義のあるものになるのかもしれないな…。

僕はそんなふうに思いながら、決意を新たにしていた。

よし、また明日父の病院に行って話を聞こう。くだらない話も失敗も、夢も理想もできるだけ聞き取ろう。

待ってろよ、父さん。

エピローグ

令和5年2月。77歳の喜寿を迎えるこの月のことは、正直よく覚えていない。あとから聞いたところによると、私は肺炎が悪化し、意識がもうろうとする中で治療を受けていたらしかった。とにかく苦しくて訳が分からなかった。それくらいの記憶である。

3月になってようやく状態が落ち着いてきて、5月には今の病院に転院した。それから早いものでもう1年以上。私は声を出せなくなり、食事も口から取れなくなり、呼吸器が外せない体になってしまった。今は自分の体を自分で起こすこともできない。

令和5年1月の入院時、私は年々自分の体力が衰え、重症筋無力症が悪化しつつあることを感じてはいた。だがまさかその時点ではこんなことになるとは思っておらず、退院したら畑のことをしよう、店のことも菊田君と相談しなくては…と、相変わらずアレコレやりたいことを考えていた。それだけに寝たきりの自分となったことはやはりショックで、悔しい思い、受け入れがたい気持ちが今もある。だがこんな時だからこそ、いつもの反発力、逆境を力に変える〝なにくそエネルギー〟が発揮される場面である。

実は令和4年の夏。おか半創業50年の節目に、私は自らの半生を振り返って自伝を書くことを決め、毎日のようにパソコンに向き合い、ひと夏で書き上げた。家族や親族、おか半の従業員はもちろん、起業を目指す後輩たちや、昔の私のようにくすぶっている若者、今の私と同じように病気や困難を抱えながら生きる人。そんな人達へ少しでも応援歌となるような本が出版できたら。私の失敗だらけの人生だからこそ、他人様の役に立つこともあるのではないか。そんな想いから恥を忍んで書き上げたのだった。この自伝については次男・マサアキが力になってくれ、ぞうさん出版のウエダさんという素晴らしい方との出会いもあって、今回こうして出版することができた。寝たきりとなってからまずは一つ目の目標達成である。

「あきらめなければ人間にできないことはない」などと、きれいごとを簡単に言うつもりはないが、それでも残された能力を活かし、チャレンジし、あがいていれば、こんな私のような不心得者でも、ここまでのことができる。それくらいの証明にはなったのではないだろうかと思う。次の私の夢は、まずは出版記念パーティーをおか半で行い、これまでお世話になった方々に感謝を伝えること。そしてより多くの人にこの本を読んでもらい、人生に夢と希望を持ってもらうことと、我が店おか半と我が町熊野町の魅力を知ってもらうことである。さらには退院して自宅に帰り、黒大豆の特産品化と、町のにぎわいづくりに取り組む…と、まだまだ野望は尽きない。残された人生の中でどこまでのことが私にできるのか。そんなことは誰にも分からないが、何もしない理由にもならない。困難があればあるほど私の〝なにくそエネルギー〟は湧き続けるのだった。

この本の出版に際し、タツヒロやイクコ、ユウカたち親戚の人々、菊田君やヨシヒコほか従業員の皆には本当に様々な形で協力をしてもらった。心から感謝したい。また作中に出てくる、ガキ軍団や同級生たち地元の仲間、お店のお客さん、商店街や商工会など町の人々、同友会の同志たちなど、すべての人のおかげでここまで来れたことに、心からお礼を言いたい。本当にありがとうございます。

また、ぞうさん出版のウエダさんと海風社のサクイさんには大変お世話になった。この人たちがいなければ、自伝出版の夢の実現はなかった。

最後に私の家族。共著者となったマサアキと、助けてくれた長男ジュンと長女ユノ。

長く支えてくれたタミコ。そして私を生んでくれた父と母。ともに育ったきょうだい達。家族の存在無くして、今の私はなかった。本当にありがとう。
そして令和６年春に長年暮らした北海道で亡くなった、問題児コンビの従兄キヨタカへこの本を捧げたい。私の青春を一緒に過ごしてくれて、ありがとう。

令和６年７月

岡崎　磊造

魚市場での仕入れ。うまい料理のための真剣勝負はここから

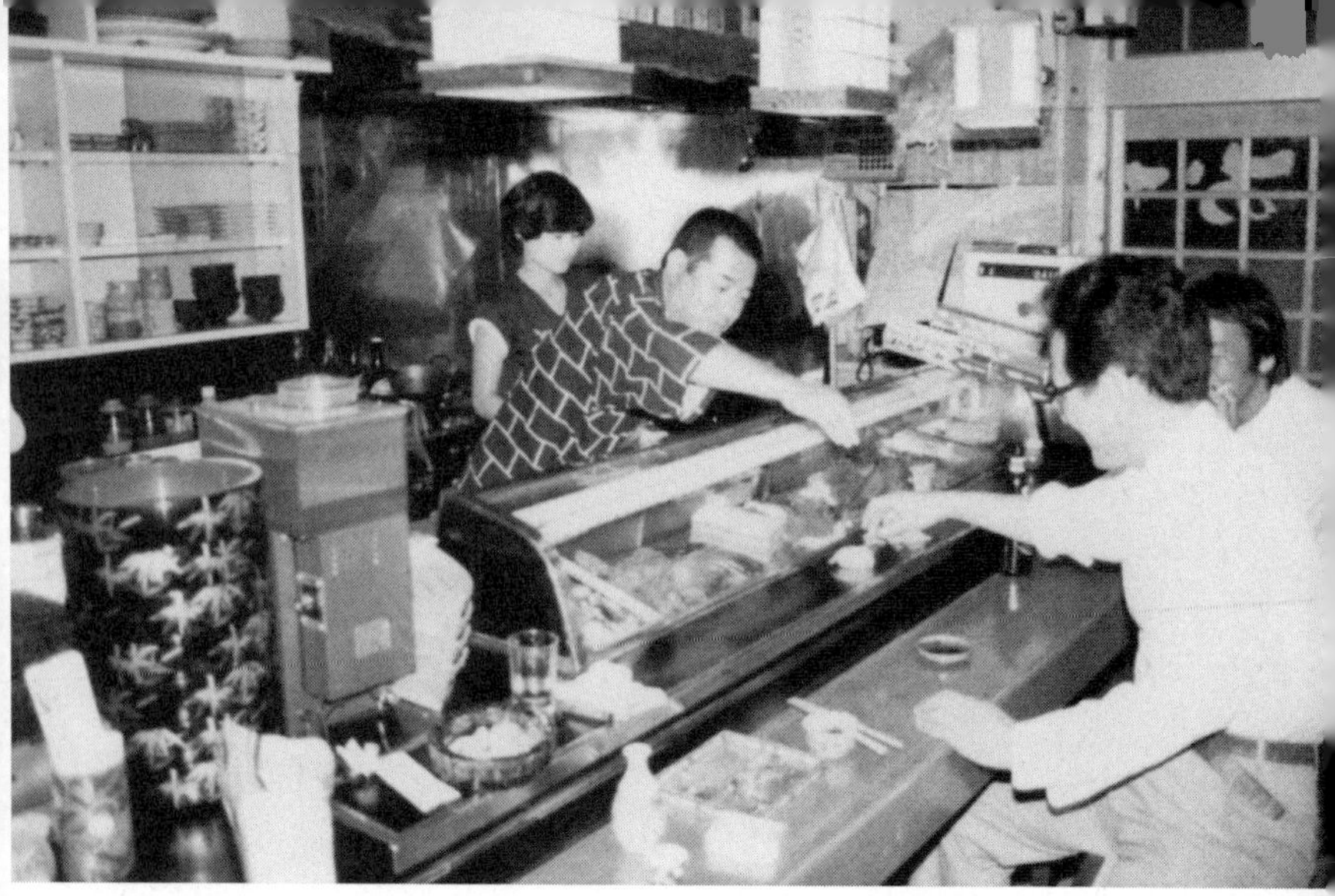

創業時はわずか19席の小さな店。店の自慢は、味と女将の笑顔

商店街で仮装パレード。バカなことも一致団結してできる仲間たち

総本店の看板料理レインボーロール。
当時マネする店も続出

1992年新店舗へ移転。駐車場も増やせた

地域一番を目指して作った総本店

経営の勉強に目覚め、世界が広がった

おか半祭りにボランティアで参加してくれた従業員たち。我が店の宝

店のテレビでドリフを見るこどもら。この笑顔のために必死で働いた

入院中のマサアキ。初めて歩いた時は涙が出た

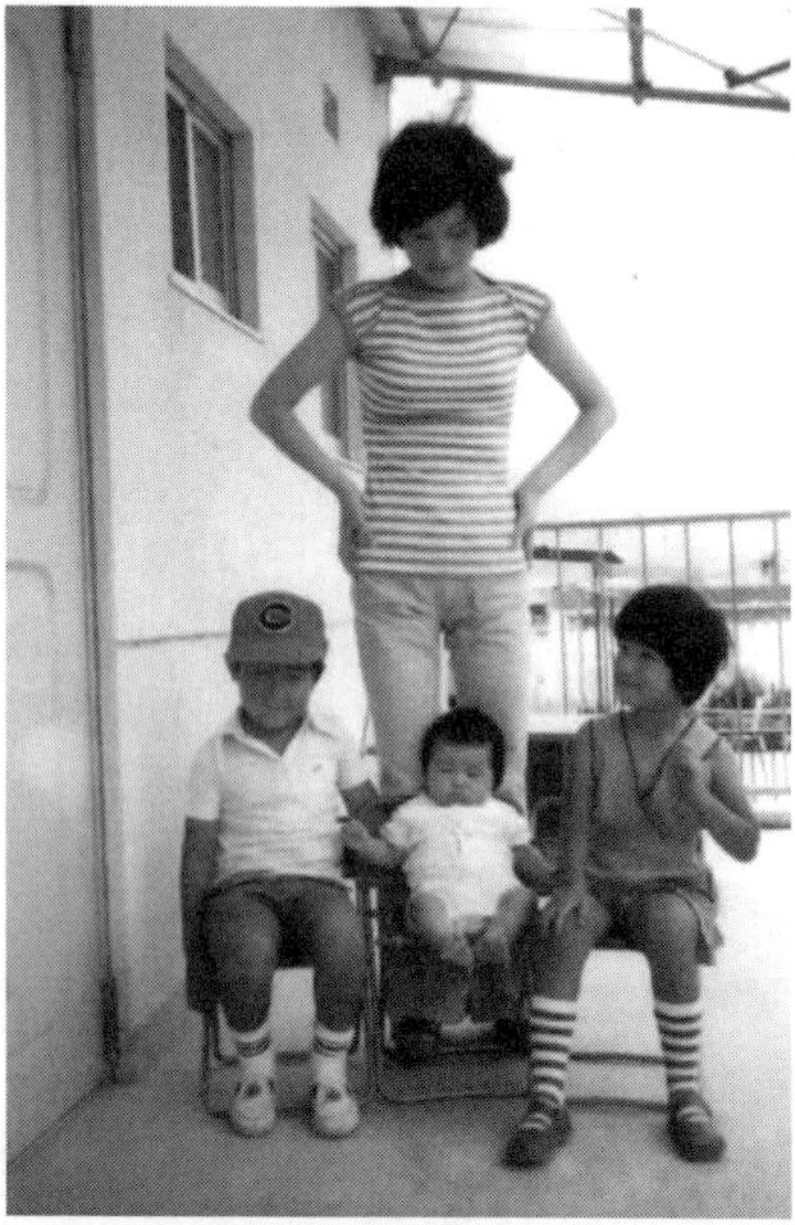

我が最愛の妻とこどもたち

古希祝いを自分の店でやり、孫に囲まれエビス顔の私

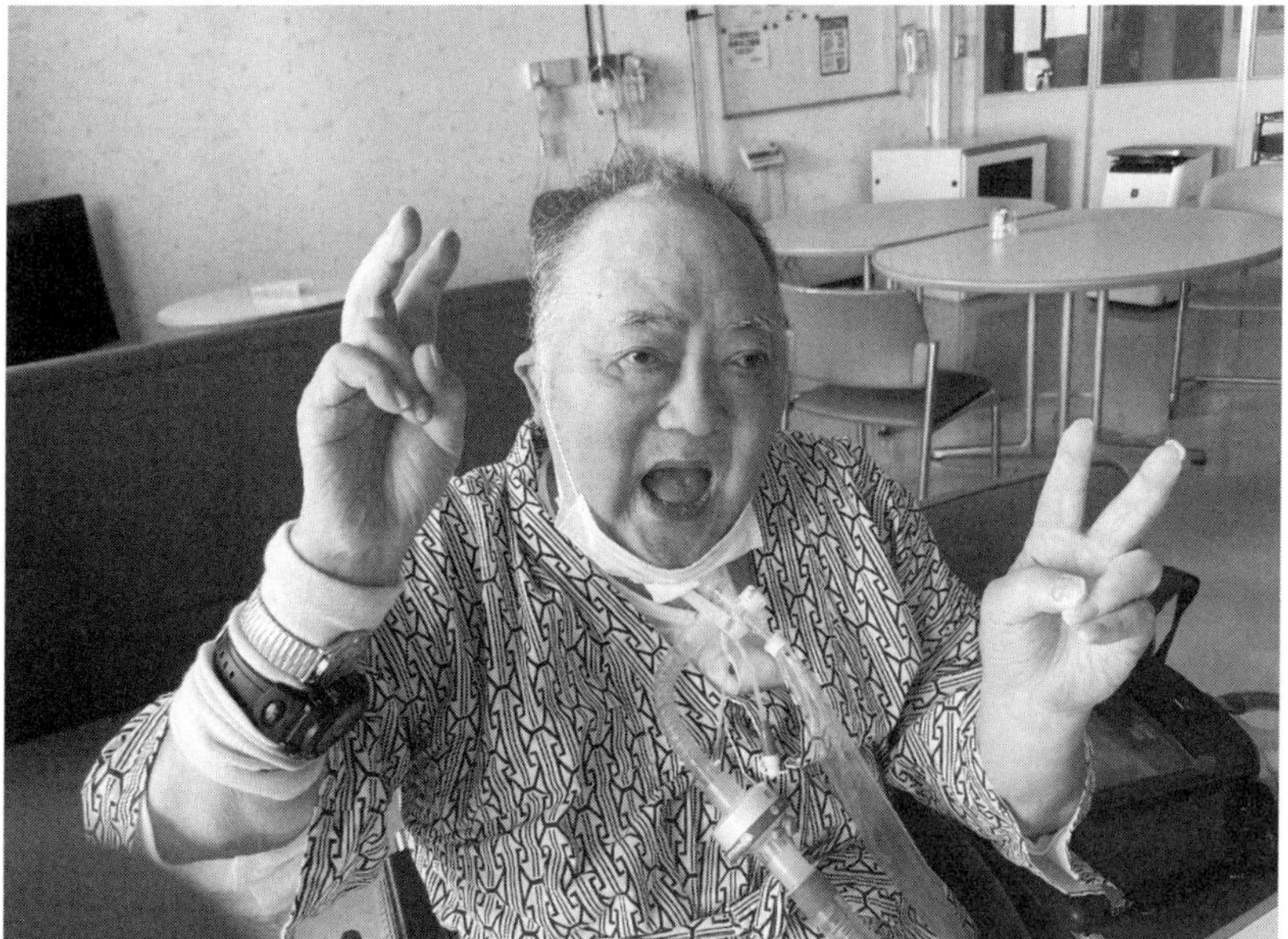

病に倒れても、声が出せなくても、夢を持って前に進む!

	岡崎磊造をとりまくできごと	世の中のできごと
1946（S21）年	父キンゴ、母ミトメの末っ子として誕生	日本国憲法が公布
1952（S27）年	小学校入学。ガキ大将への道を進む	GHQ廃止、日本の主権回復 広島平和都市記念碑（原爆死没者慰霊碑）除幕
1959（S34）年	中学入学。非行に走り、飲酒・喫煙・サボリ・ すいか泥棒など	皇太子明仁親王と正田美智子様がご結婚
1963（S38）年	高校退学。無職フラフラ生活へ	日本初の高速道路、名神高速道路の栗東－尼崎間開通 広島～東京間直通航空便就航
1964（S39）年	大阪へ板前修業に。1年で撤退	東海道新幹線開業。東京オリンピック開催
1967（S42）年	ミツコと結婚 銀行の保養施設付き料理人となり、夫婦で転居	ツイッギー来日。ミニスカートブーム到来 原爆ドーム保存工事完了
1970（S45）年	長男・ジュン出生	日本万国博覧会（大阪万博）開催 瀬戸内シージャック事件発生
1971（S46）年	長女・ユノ出生も離婚。 子ども二人を引き取り故郷に戻る	ニクソン・ショック（アメリカが金とドルの交換停止） 安佐郡沼田町、同郡安佐町を広島市に合併
1972（S47）年	タミコと再婚 おか半を開店。創業の夢を叶える	アメリカから日本へ沖縄返還、沖縄県発足
1976（S51）年	次男・マサアキ出生	ロッキード事件。モントリオールオリンピック開催

1980（S55）年	次男・マサアキ入院し、半年後退院	モスクワオリンピックが開幕、67か国が不参加 政令指定都市広島誕生。広島カープ2年連続日本一
1985（S60）年	叔父の破産にともなう連帯保証債務を完済	「女性による反核・軍縮・非核地帯設置のための 国際フォーラム」が東京で開会
1992（H4）年	おか半移転オープン。第2の創業	PKO協力法成立 国連軍縮広島会議を開催
1994（H6）年	坊主山商店街会長に 町内の文化施設に和風レストランオープン	オウム真理教による松本サリン事件発生 広島市立大学開学
1996（H8）年	経営の勉強に目覚め、県中小企業家同友会へ入会	在ペルー日本大使公邸占拠事件発生
2003（H15）年	店舗統合し、おか半総本店オープン	小惑星探査機はやぶさ打ち上げ
2004（H16）年	おか半祭り開催 以後、14年連続開催し、売り上げを寄付	第1回日米都市サミット広島2004開催
2015（H27）年	熊野町商工会会長になる	持続可能な開発目標（SDGs）が国連総会で採択 サンフレッチェ広島、3回目のJ1優勝
2016（H28）年	難病・重症筋無力症の診断を受ける	熊本地震発生 広島カープ優勝、2018年まで3連覇！
2018（H30）年	西日本豪雨災害 おむすびと飲物を立ち往生した車に配る	大谷翔平、メジャー新人王
2022（R4）年	重症筋無力症で入院中に間質性肺炎を発症 〝なにくそ根性〟で闘病中！	安倍元首相撃たれ死亡

著者略歴

岡崎 磊造　（おかざき らいぞう）

1946年生まれ。高校中退後、大阪や広島で修業し1972年和食店おか半を開業。2003年おか半総本店開店。坊主山商店街会長、熊野町商工会長、安芸郡食品衛生協会会長、広島県中小企業家同友会副代表理事などを歴任。座右の銘は「思うより、やってみる」。地元では別名「熊野の暴れん坊将軍」。

岡崎 マサアキ　（おかざき まさあき）

1976年生まれ。大学卒業後事務職を経て福祉の世界へ転身。現在は自治体ソーシャルワーカーとして働く。趣味は映画と猫鑑賞。座右の銘は「人間万事塞翁が馬」。対人援助学マガジン（Web）で「役場の対人援助論」連載中。

なにくそ！ライゾウさん
僕のオヤジの負けない物語

発行日 ――――	2025年2月28日　第1刷
著者 ――――	岡崎 磊造・岡崎 マサアキ
発行者 ――――	植田 紘栄志
発行所 ――――	株式会社ミチコーポレーション ぞうさん出版事業部 〒731-2431　広島県山県郡北広島町荒神原201 電話 0826-35-1324　FAX 0826-35-1325 https://zousanbooks.com
イラスト ――――	横山 明彦
編集・DTP・装丁 ―	Kaifusha Co.,Ltd.
スペシャルサンクス ― （順不同・敬称略）	新宅 清孝、織田 忠、山田 利明、新宅 立博、森下 郁子、森岡 優香、菊永 猛、池田 健悟、津森 充子、加藤 孝子、宗盛 勝則、黒瀬 靖郎、森本 恵美、上野 逸枝、岡田 賀江、団 遊、岡本 照子、三浦 明子 近藤 克彦・五拾免 進・佐々木 康夫・木村 茂実・菖蒲 良明・新谷 雅敏 ほか坊主山商店街の仲間たち 吉島病院のみなさん、熊野町商工会のみなさん 広島県中小企業家同友会のみなさん、日創研で出会った仲間たち 一反田 亜希・水原 美香・佐古 慶子ほかおか半従業員のみんな おか半を愛してくれているすべてのお客様・関係者様
印刷・製本 ――――	株式会社シナノパブリッシングプレス

　ISBN978-4-9903150-9-2 C0095